JOHN R. TORRANCE

MAÎTRISEZ VOTRE PRODUCTIVITÉ

50+ ASTUCES SIMPLES

pour organiser vos tâches, surmonter la procrastination et gagner en efficacité pour exceller dans votre travail

TABLE DES MATIÈRES

Introduction

Votre situation actuelle

Le lieu de travail ou l'environnement professionnel d'aujourd'hui est devenu de plus en plus exigeant et compétitif. Indépendamment du type de travail que vous exercez, de l'intitulé de votre poste et de votre secteur d'activité, tout semble aller très vite. Si l'on ajoute à cela les progrès technologiques et notre dépendance quasi-totale à leur égard, il est facile de comprendre qu'il est de plus en plus compliqué de devenir plus productif dans le monde d'aujourd'hui. En d'autres termes, les outils permettant d'atteindre la productivité ne cessent d'évoluer, mais la capacité humaine à y répondre semble s'amenuiser.

Tout le monde dispose du même temps : 24 heures par jour, 7 jours par semaine et 365 jours par an. Cependant, la capacité à tirer le meilleur parti de chaque journée n'est pas commune à tous. Chaque jour, vous vous réveillez, vous sortez du lit à la hâte, vous vous habillez et vous vous rendez au travail au pas de course. Si vous vous fixez des objectifs quotidiens, hebdomadaires ou mensuels pour réussir, vous parviendrez peut-être à accomplir certaines tâches. Cependant, la plupart des gens se retrouvent bloqués par une myriade de problèmes et d'interruptions lorsqu'ils sont au travail. D'autres se retrouvent sur leur lieu de travail avec des problèmes à la fois personnels et liés au travail.

En fin de compte, beaucoup se démotivent, se stressent et se découragent parce qu'ils ne parviennent pas à accomplir leur tâche quotidienne. Ce qui est ennuyeux, c'est qu'au fil des jours et des semaines, la pression commence à monter. Les échéances approchent à grands pas, la réunion du conseil d'administration est dans deux jours et les détails nécessaires à la rédaction de vos rapports sont encore en cours d'élaboration. Vous avez beau travailler dur, les choses finissent par échapper à votre contrôle.

Oui, vous êtes assidu, astucieux et travailleur, mais il semble qu'il y a toujours quelque chose qui cloche. Pour ne rien arranger, vous devez encore emporter du travail à la maison pour respecter les délais. Même si cela vous déplaît, vous vous sentez épuisé et à bout de souffle, mais vous n'arrivez pas à vous arrêter pour reprendre haleine. Malheureusement, cette course incessante peut nuire à votre santé et réduire encore plus votre productivité.

Où voulez-vous être

Les règles d'implication sur le lieu de travail ont changé. Il faut être rapide et décisif pour rester au top. Il y a vingt ans, il aurait été acceptable de travailler dur pour réussir. Toutefois, le monde d'aujourd'hui s'appuie sur le principe selon lequel il faut travailler plus intelligemment, plutôt que plus durement, pour exceller. Cela ne veut pas dire que l'environnement professionnel tolère le laxisme, mais en raison des interactions avec l'environnement humain, de meilleures façons d'accomplir les tâches se sont développées.

La productivité dépend en grande partie de l'utilisation efficace du temps limité dont on dispose pour optimiser les tâches. Il existe des outils, des systèmes de productivité et des principes qui ont fait leurs preuves et qui permettent d'accroître l'efficacité personnelle au travail. Travailler plus intelligemment permet de canaliser votre énergie et vos ressources, ce qui vous permet de mieux vous concentrer. Vous disposez alors d'un emploi du temps adapté et de meilleures perspectives qui se traduisent par une augmentation de la productivité et une diminution du nombre d'épuisements.

Dans l'ensemble, votre objectif devrait être de posséder la capacité d'identifier les pertes de temps dans votre routine de travail quotidienne. Ensuite, vous devez être en mesure de déterminer comment votre flux de travail doit se dérouler, en augmentant la valeur du temps travaillé. Au final, vous augmentez vos chances de devenir l'une des personnes les plus performantes de votre secteur.

Maîtrisez votre productivité vous offre plus de deux décennies de mon expérience personnelle et de mes connaissances en tant que coach en productivité. Il contient des systèmes éprouvés et des astuces pour la vie de tous les jours afin de vous aider à améliorer considérablement vos niveaux de productivité. Il fournit des étapes pratiques, des principes et des expériences qui ont façonné mon passé et m'ont aidé à atteindre des performances optimales dans tous les domaines de la vie.

Ce livre peut vous servir de guide personnel dans votre voyage vers la maîtrise de soi et l'amélioration de la productivité.

Lire *Maîtrisez votre productivité vous* aidera à :

- ◆ Vaincre la procrastination.
- ◆ Augmenter votre efficacité en vous aidant à vous concentrer sur ce qui est essentiel à votre réussite.
- ◆ Développer des stratégies pour travailler plus intelligemment au lieu de travailler plus durement.
- ◆ Vous mettre sur la voie d'une performance optimale sur le lieu de travail.
- ◆ Prendre plus de plaisir à travailler.
- ◆ Accélérer votre potentiel d'apprentissage.
- ◆ Tirer le meilleur parti des heures de travail limitées de la journée.

- Réorganiser votre temps de travail et d'étude pour devenir un expert dans votre domaine.
- Poursuivre vos rêves avec passion.

Quel est le degré de réalisme de *Maîtrisez votre productivité* ?

Maîtrisez votre productivité contient les principes qui ont façonné ma vie depuis plusieurs décennies. La lecture de ces vérités fera toute la différence dans votre ascension vers une vie plus productive. La plupart de ces principes m'ont aidé à augmenter ma productivité d'au moins 80 %. Souvent, les auteurs et les intervenants publics proposent des solutions peu pratiques pour faire bonne figure ou pour vendre une idée. Toutefois, ce livre ne vend pas de foutaises. Non, il n'essaie pas de bâtir des châteaux en Espagne en promettant des étapes et des principes irréalistes. En effet, l'essentiel de ce que vous lirez ici concerne des expériences vécues et des astuces scientifiques éprouvées. D'autres points de vue proviennent d'experts fiables en matière de productivité et de chefs d'entreprise de tous horizons.

Maîtrisez votre productivité : qu'allez-vous y gagner ?

Mes recommandations et mes conseils pour travailler plus intelligemment et non plus durement peuvent faire de vous une personne très performante sur votre lieu de travail. Considérez l'achat et la lecture de ce livre comme un investissement. En tant que tel, l'objectif premier de cet ouvrage est de vous permettre d'en tirer le maximum de valeur afin d'augmenter votre productivité de manière mesurable.

Cependant, pour tirer le meilleur parti de chaque chapitre et de chaque exercice de ce livre, il faut faire preuve de constance et d'efforts inlassables. Mettez en pratique les précieuses leçons de ce livre et, au fil du temps, vous constaterez un immense rendement de productivité. En fin de compte, vous avez le potentiel de devenir l'une des personnes les plus performantes de votre lieu de travail ou de votre secteur d'activité.

La promesse

Si vous vous engagez à lire attentivement et avec ouverture d'esprit les informations (ou les astuces, si vous préférez) contenues dans ce livre et à les mettre en pratique, je vous garantis que dans les quelques jours à quatre semaines à venir, vous constaterez une amélioration d'au moins 45 % de votre niveau de productivité. Au bout d'un an, votre potentiel et votre productivité ne connaîtront plus de limites !

Et maintenant, que faire ?

Pour vous permettre de tirer le meilleur parti de *Maîtrisez votre productivité*, vous devez établir un plan d'action sur la façon de lire ce livre. Compte tenu de votre emploi du temps, définissez un moment précis dans la journée pour lire. En règle générale, les premières heures de la journée offrent une excellente occasion d'apprendre avec un minimum de distractions. Déterminez également la durée que vous souhaitez consacrer chaque matin à la lecture de ce livre. Vous pouvez relever un défi de 14 à 40 jours pour le terminer. Tout dépend de votre rapidité de lecture. Cependant, il ne s'agit pas de vitesse, mais d'être capable d'apprendre et d'appliquer les précieuses ressources trouvées dans ce livre. Lorsque vous lisez, je vous suggère de vous munir d'un stylo et d'un bloc-notes pour noter les points importants. Si vous disposez de notes autocollantes et d'un tableau dans votre chambre ou votre bureau, vous pouvez coller les points essentiels que vous ne voulez pas oublier sur votre miroir ou votre porte, à un endroit bien visible.

Enfin et surtout, une fois que vous avez appris une nouvelle idée, mettez-vous immédiatement au travail pour la mettre en pratique. N'attendez pas d'avoir fini de lire ce livre pour la mettre en œuvre. Le processus d'apprentissage se fait étape par étape.

Poursuivez votre lecture et commencez dès aujourd'hui à maîtriser vos habitudes de productivité grâce à ces plus de 50 étapes éprouvées et réalisables.

CHAPITRE UN

Décidez de ce que vous voulez

La vie est une affaire de prise de décision. On ne peut s'élever dans la vie que dans la mesure où l'on prend des décisions. Vous devez donc décider ce que vous attendez de la vie. Quels que soient les objectifs que vous vous êtes fixés pour votre vie ou votre carrière, ils ne deviendront réalité qu'une fois que vous aurez pris des décisions fermes. La vie ne vous léguera pas ce que vous pensez mériter. On ne récolte de la vie que ce que l'on y sème. Dans la plupart des cas, l'augmentation de la productivité et la réussite dans la vie commencent par l'esprit.

Quels que soient vos projets de vie, professionnels ou personnels, vous devez d'abord évaluer votre parcours. Ensuite, vous devez vous fixer des objectifs significatifs pour les atteindre. Ces objectifs doivent également être assortis d'un plan d'action pour les réaliser. Pour devenir plus productif, ces 6 étapes d'une fixation d'objectifs réussie peuvent vous aider à atteindre des performances optimales :

La conviction

La confiance dans le processus est un élément essentiel de la fixation d'objectifs. Si vous n'avez pas confiance en ce que vous faites, le processus de réalisation vous épuisera plus rapidement. Décider de ce que l'on veut, c'est d'abord avoir une bonne connaissance de ce qui est nécessaire.

**« Chaque fois que vous voyez une entreprise
qui réussit, dites-vous que c'est parce qu'un jour
quelqu'un a pris une décision courageuse. »
-Peter F. Drucker**

Rien de significatif n'arrive par hasard, il faut se fixer des objectifs et agir pour réussir. Croire en ses capacités sert de carburant pour atteindre ses objectifs. Lorsque vous croyez au processus, vous vous efforcez de vous l'approprier ou de le personnaliser. Avoir foi dans le processus n'élimine pas les défis ou les écueils qui accompagnent toute entreprise. Cela peut toutefois vous aider à renforcer votre détermination à voir au-delà des revers temporels et à vous concentrer sur ce qui est le plus important. Une solide confiance en soi peut aider à libérer l'énergie nécessaire pour suivre le processus jusqu'au bout. Votre processus de réflexion peut servir de base à la réalisation de vos objectifs.

Certains raisonnements ne peuvent que s'autolimiter. Ces pensées auto-limitantes sont le plus souvent des pensées négatives. Les pensées et les croyances positives vous aideront à canaliser votre énergie vers la réalisation de vos objectifs. Une fois que vous avez décidé de ce que vous voulez, il est plus facile d'atteindre votre objectif si vous avez foi dans le processus.

**« Le bonheur n'est pas l'absence de problèmes, c'est
la capacité à les gérer. »
-Steve Maraboli**

**« Une fois que vous prenez une décision, l'univers
conspire pour la réaliser. »
-Ralph Waldo Emerson**

Vous êtes le mieux placé pour mettre du cœur à l'ouvrage afin d'atteindre vos objectifs dans la vie, c'est pourquoi vous devez croire en vous.

Les croyances limitantes

> **« Tout homme prend les limites de son champ de vision pour les limites du monde. »**
> **-Arthur Schopenhauer**

Certaines croyances sont des pensées auto-limitantes. Les croyances limitatives envoient généralement des ondes négatives qui rendent impossible la réalisation de vos objectifs personnels ou professionnels. Ces pensées proviennent de vos expériences passées, de votre environnement et de vos critères. Parmi ces croyances limitantes, on compte notamment :

La croyance du tout ou rien

La croyance du « tout ou rien » est un état d'esprit excessif qui se situe à deux extrémités opposées. C'est comme si l'on pensait en noir et blanc sans laisser de place à un point médian ou à un équilibre. En d'autres termes, soit vous avez tout, soit vous n'avez rien.

La croyance exagérée

Les personnes ayant des croyances exagérées ont tendance à amplifier les événements ou les incidences de manière disproportionnée. Il est normal de penser positivement et de viser le meilleur, mais une croyance exagérée rend difficile la fixation et la réalisation d'objectifs professionnels ou personnels.

La croyance minimaliste

Un état d'esprit minimaliste a tendance à dépenser de l'énergie pour de petites choses. Il peut également s'agir d'accorder peu d'attention aux détails complexes d'un objectif particulier. Un minimaliste peut remettre à plus tard la poursuite d'un objectif ou le considérer comme insignifiant.

La catégorisation

La catégorisation consiste à se teinter de stéréotypes sur la base d'un incident passé, en utilisant généralement des termes négatifs. Se donner des noms en raison de ce qui s'est passé ou ne s'est pas passé est une autre forme de catégorisation. Il s'agit de généraliser à l'excès une situation ou une expérience qui pourrait vous donner une image négative.

La catégorisation erronée

La catégorisation erronée est une forme de fausse représentation de soi. Elle implique l'utilisation d'une description inappropriée d'une situation ou d'un événement. Cette fausse représentation ne correspond pas à vos objectifs professionnels ou personnels.

Les conclusions hâtives

Les décisions ou les jugements pris à la hâte sans preuves rationnelles peuvent avoir des conséquences négatives. Les jugements rapides fondés sur les actions ou les réactions d'une personne peuvent conduire à des suppositions inexactes. Ces suppositions peuvent entraîner des complications sur le lieu de travail ou dans le cadre de vos objectifs personnels.

Les pensées pessimistes

Certains raisonnements ne peuvent produire que des résultats négatifs. Le fait de toujours voir le mal dans les situations et les personnes ne peut que produire de la négativité dans votre vie personnelle et professionnelle. Les gens ont parfois des sentiments négatifs et les acceptent comme des faits. Dans ce cas, ils discréditent la vérité et choisissent de croire les situations négatives concernant le travail, leur environnement ou eux-mêmes. Le raisonnement émotionnel négatif vous fait considérer une situation comme négative parce que vous vous sentez mal à propos de cette dernière.

Comment se débarrasser des croyances limitantes

Vos croyances façonnent la personne que vous êtes devenue.

**« En apprenant trop tôt nos limites, nous ne connaî-
trons jamais nos pouvoirs. »
-Mignon McLaughlin**

La seule façon d'apporter des changements significatifs dans votre vie est de faire certains ajustements dans votre système de croyances. Voici ce qu'il faut faire pour y apporter les changements nécessaires :

L'auto-évaluation

Commencez par réévaluer votre vie. Dans quels domaines spécifiques avez-vous l'impression d'être bloqué ? Quel aspect de votre objectif ne fonctionne pas exactement pour vous ? Pour vous débarrasser des croyances auto-limitantes, vous devez identifier les problèmes susceptibles de vous empêcher d'atteindre vos objectifs. Énoncez ces problèmes en aussi peu de phrases que possible.

Quelles sont vos croyances limitantes ?

Vous devez noter les systèmes de croyances particuliers que vous percevez comme des facteurs limitants. Identifiez comment chaque croyance particulière vous a empêché d'atteindre vos objectifs. Par exemple, vous devez prendre certaines mesures pour passer à l'étape suivante de votre objectif. Cependant, le fait d'être pessimiste vous empêche d'atteindre vos objectifs personnels ou professionnels. Dans ce cas, pour réussir, vous devez connaître les causes des sentiments pessimistes et savoir comment y faire face.

Parfois, une croyance limitante peut vous protéger de certains dangers ou de certaines actions. Elles peuvent également nuire à la réalisation d'un autre objectif. Par exemple, si vous êtes une personne qui croit à la simplicité et qui doit économiser autant d'argent que possible, dépenser beaucoup en vacances peut sembler être du gaspillage. Il faudra que vous compreniez bien vos objectifs et le but des vacances pour vous convaincre de dépenser davantage. Un voyage de vacances, par exemple, peut être une source de détente, d'éducation ou de recherche de carrière. Vous pouvez donc lier les dépenses de vacances à un objectif spécifique afin de remettre en question cette croyance limitante.

« Je ne suis pas intéressé par vos croyances limitantes ; je suis intéressé par ce qui vous rend sans limite. »
-Brendon Burchard

L'une des meilleures façons de remettre en question ou de se débarrasser d'une croyance limitante est de se trouver un but. Lorsque le but correspond à vos objectifs, il devient alors plus facile de donner le meilleur de vous même pour l'atteindre. Nous devons donc chercher des moyens de surmonter les croyances limitantes. Certaines habitudes doivent être modifiées pour que vous puissiez atteindre vos objectifs. Une croyance donnée vous aide-t-elle à atteindre votre objectif au niveau souhaité ? Si ce n'est pas le cas, réfléchissez aux moyens de vous en débarrasser. Parfois, cette croyance peut fonctionner parfaitement à un niveau particulier de votre objectif. À d'autres stades de votre objectif, elle peut devenir contre-productive. Dans ce cas, vous devez réévaluer l'objectif et procéder à des ajustements.

Le but

« Le secret de la réussite réside dans la constance du but »
-Benjamin Disraeli

John vivait le rêve américain que beaucoup aux États-Unis espèrent réaliser. Immédiatement après l'université, il a trouvé un emploi dans une entreprise de premier plan dans le quartier de Manhattan. En l'espace de trois ans, il a été promu à un poste de direction. Ce poste s'accompagnait d'une voiture de fonction et d'autres avantages, dont des congés annuels. John semblait vivre la vie de ses rêves. La prochaine étape pour John était de se marier et d'élever des enfants.

Huit ans plus tard et après trois enfants, John n'a pas tardé à se sentir dépassé. La pression constante du travail et de la maison, les factures incessantes qui crient plus fort que le rêve américain, c'en était trop pour lui. Un jour, alors qu'il ressentait un grand sentiment de frustration, il a décidé de prendre le métro pour rentrer chez lui au lieu de conduire. Sur le chemin du retour, un panneau d'affichage électronique affichait en caractères gras cette publicité d'une marque de boisson populaire : « Trouvez les choses qui vous animent, concrétisez-les ! »

Après une longue marche pour rentrer chez lui, John a commencé à réfléchir. Il examinait son travail et sa vie personnelle au cours des huit dernières années. Il se sentait vide à l'intérieur. *Mon travail de 9 à 17h est nul !* se disait John. Il attendait davantage de la vie, mais n'arrivait pas à mettre la main sur ce qu'il voulait exactement. Tout en marchant, John ne cessait de se poser les questions que la plupart des gens se posent depuis un siècle lorsque la vie semble ne plus avoir de sens. *Qu'est-ce qui m'anime ? Qui suis-je ? Quel est le véritable sens de ma vie ?*

Un jour ou l'autre, nous arrivons tous à ce moment de la vie où le sentiment de vide s'installe. C'est à ce moment-là que nous commençons à nous poser des questions pertinentes qui nous supplient de trouver des réponses. Parfois, les réponses à ces questions nous emmènent à la découverte de nous-mêmes.

« Il n'y a pas de plus grande agonie que de porter en soi une histoire non racontée. »
-Maya Angelou

Comprendre la raison d'être d'un objectif est un outil puissant. Cela vous aide à vous concentrer sur l'objectif et à aligner vos activités sur la réalisation de cet objectif. Connaître la raison de votre objectif vous motivera à l'atteindre. Trouver votre but vous donne un tremplin pour réaliser le rêve de votre vie. Votre but vous aide à définir vos choix personnels et professionnels.

Pour vivre une vie épanouie et jouir d'une paix intérieure, vous devez trouver votre but. Celui-ci vous servira alors de boussole pour guider votre vie.

« Ce pour quoi je vis et ce pour quoi je meurs, c'est la même question. »
-Margaret Atwood

Les questions à éviter lors de la recherche d'un but :

◆ Puis-je le faire ?

- ◆ Cela fonctionnera-t-il ?
- ◆ Qui me viendra en aide ?
- ◆ Et si j'échoue ?
- ◆ Et si je me désintéresse ?
- ◆ Et si je ne réalise pas de bénéfices ?
- ◆ Et si je me trompe ?

Des questions honnêtes pour trouver son but dans la vie :

- ◆ Que feriez-vous même sans être payé ?
- ◆ Que voulez-vous exactement ?
- ◆ Quelles sont les choses vous semblent si faciles à faire ?
- ◆ Qu'est-ce qui vous passionne ?
- ◆ Que ferez-vous si vous savez que vous ne pouvez pas échouer ?
- ◆ Que faites-vous qui vous rende vivant ?
- ◆ Quelle est la chose qui vous fait oublier de manger ou même d'aller aux toilettes ?
- ◆ Quelle est la chose que vous êtes prêt à faire de manière répétée, même si les gens se moquent de vous ?
- ◆ Qu'est-ce qui peut vous permettre de rester éveillé très tard le soir sans vous ennuyer ou vous décourager ?
- ◆ Pour quel problème pensez-vous être le mieux placé pour sauver le monde ?
- ◆ S'il vous restait une année à vivre sur terre, à quoi la dédieriez-vous ? Comment souhaiteriez-vous que l'on se souvienne de vous ?

Comment découvrir votre but dans la vie

Explorez votre passion

Qu'est-ce qui vous passionne ? Les questions honnêtes exprimées ci-dessus permettent de répondre facilement à la question du but de la vie. Chacun possède une capacité innée qui l'incite à agir. Il existe un lien profond entre ce qui vous passionne et le but de votre vie. Vous ne pouvez pas créer un but pour vous-même, il est déjà en vous.

Tout ce dont vous avez besoin, c'est de découvrir votre but. Toutefois, vous ne serez pas le meilleur dans une discipline parce qu'elle correspond à votre but, mais vous la trouverez plus facile à gérer et plus passionnante une fois qu'elle sera le but de votre vie. La formation et le développement peuvent vous aider à affiner vos compétences et à devenir le plus performant dans votre domaine.

Par conséquent, l'exploration des choses qui vous passionnent peut vous aider à découvrir un but, à trouver ce qui vous anime. Quels sont les talents et les dons que vous pouvez exprimer ou explorer ?

Ce que la plupart des gens ne comprennent pas, c'est que la passion est le résultat de l'action, et non sa cause.

Agissez

« L'expérience est la récompense ; la clarté vient du processus d'exploration. »
-Shannon Kaiser

Une fois que vous savez ce qui vous passionne, il est temps de passer à l'action. Ce n'est qu'en essayant des choses dans le domaine qui vous passionne que vous découvrirez ce en quoi vous êtes vraiment doué.

Si vous passez la majeure partie de votre temps à réfléchir à votre objectif, vous risquez d'être frustré. C'est dans l'action, et non dans la seule interrogation, que l'on trouve sa raison d'être. Établissez des relations avec les autres. Utilisez vos qualités, vos dons ou vos talents, même gratuitement. Essayez de nouvelles choses. Vous découvrirez alors ce que vous aimez le plus. Plus vous utiliserez vos dons, plus vous en découvrirez sur vous-même. Avec le temps, vos capacités innées se dévoileront clairement.

Ne réfléchissez pas trop à votre but - agissez !

Visualisez ce que vous voulez

« La visualisation, c'est rêvasser en ayant un but. »
-Bo Bennett

Au début des années 1990, l'appareil photo à pellicule était un moyen populaire de prendre des photos de votre famille et de vos amis lors d'événements. À l'époque, les appareils photo à pellicule utilisaient des pellicules transparentes pour capturer les images et produisaient un son de « clic-clac » lorsque vous preniez une photo. Auparavant, il fallait insérer la pellicule dans la fente prévue à cet effet. Les pellicules étaient fabriquées par des marques populaires comme AGFA ou encore Kodak.

Pour prendre une photo, il fallait regarder dans le viseur pour s'assurer que le sujet était au centre. Vous pouviez également zoomer ou dézoomer pour vous assurer d'obtenir la meilleure position possible. Une fois que vous aviez pris environ 36 photos, il était temps de faire développer la pellicule. La pellicule était envoyée au laboratoire pour être convertie en négatif. Le négatif est une bobine de pellicule qui permet de créer une expression floue des images que vous avez prises. Grâce à cela, vous pouviez identifier les meilleures pellicules à imprimer pour obtenir des photos nettes.

Le parcours qui mène d'un désir ou d'un objectif à la réalisation de vos rêves ressemble beaucoup à ce processus.

« Vous ne pouvez pas compter sur vos yeux lorsque votre imagination n'est pas au point. »
-Mark Twain

En d'autres termes, la visualisation consiste à créer une image mentale de ce que l'on veut ou de l'endroit où l'on veut être dans la vie. Il s'agit d'un outil de réussite puissant que toute personne souhaitant devenir performante doit posséder. Tout ce que vous souhaitez accomplir dans la vie commence d'abord par une image dans votre esprit.

« Une image vaut mille mots. »
-Arthur Brisbane

Pour atteindre vos objectifs personnels ou professionnels, vous avez besoin d'une bonne concentration. Au début, l'image ne sera pas claire et ressemblera à un négatif. Une fois que vous aurez soigneusement défini vos objectifs, tout comme le choix de la bonne pellicule à imprimer, vous pourrez travailler à la réalisation de vos rêves. Chaque objectif ou aspiration a ses propres caractéristiques pour donner une belle image. Plus vous saurez comment vous centrer avant de prendre une photo, meilleur sera le résultat. De même, plus l'image mentale que vous créez est bonne, plus vous avez de chances de réussir.

« La visualisation aide notre cerveau à envoyer un signal à notre corps pour qu'il commence à se comporter d'une manière conforme aux images que nous avons en tête. »
-Kimberly Hershenson, thérapeute à New York

Chaque jour, tout le monde rêve ou crée des images mentales dans son esprit. Cependant, toutes les images mentales ne produisent pas de résultats positifs dans notre vie. Parfois, les gens utilisent le pouvoir de la visualisation pour créer une vie qu'ils ne veulent pas. Ils imaginent les pires situations et se retrouvent avec des photos laides.

« Si vous pouvez le rêver, vous pouvez le faire. »
-Walt Disney

L'intérêt de la visualisation

- Elle donne vie à votre sens créatif. En peu de temps, vous commencerez à avoir des idées créatives en rapport avec vos objectifs.
- La visualisation permet de canaliser l'énergie mentale pour identifier les ressources nécessaires à la réalisation des objectifs.
- Votre image mentale met en œuvre la loi de l'attraction. Cette loi est à l'origine des personnes, des ressources et des situations nécessaires à la réalisation de vos objectifs.
- La visualisation crée la force intérieure ou la motivation nécessaire à la poursuite de vos rêves.

Conseils pour visualiser et réaliser vos objectifs

Sachez ce que vous voulez. Énoncez clairement ce que vous voulez. Qu'est-ce qui vous tient le plus à cœur ? Quelle est la chose qui peut vous apporter le plus de joie ? Créez un schéma mental de ce que sera votre vie une fois que vous aurez atteint cet objectif.

Décrivez l'objectif en détail

Le secret pour décrire votre objectif en détail est de vous demander ceci : si rien ne vous arrête, comment feriez-vous pour atteindre votre objectif ? Il s'agit du processus de réalisation de votre objectif. Créez une image mentale claire de ce que vous voulez exactement. Vous pouvez écrire le processus à suivre pour atteindre vos objectifs. Au moment de la rédaction, faites comme si vous aviez déjà tout ce qu'il faut pour réaliser l'objectif.

Créez une scène émotionnelle de votre objectif

Essayez d'imaginer l'ambiance, les scènes et autres scénarios qui accompagneront l'objectif une fois que vous l'aurez atteint. Pour vous aider à trouver de l'inspiration, créez un tableau de vision avec les images et les citations pertinentes. Inscrivez les objectifs à court et à long terme associés à la vision.

Mettez-vous au travail

Commencez à faire de petits pas chaque jour pour atteindre vos objectifs. Ne vous laissez pas effrayer par leur ampleur. Établissez un plan d'action assorti d'un calendrier pour atteindre vos objectifs quotidiens, hebdomadaires et mensuels.

Énoncez vos objectifs à haute voix

Énoncer ses objectifs à haute voix peut également stimuler la créativité. Vous pouvez faire face au miroir ou à tout autre endroit de votre choix et énoncer vos objectifs, les déclarant ainsi à la vie.

Préparez-vous à un travail de longue haleine

Comprenez que la visualisation de vos objectifs n'est pas une course de vitesse, mais un voyage. En cours de route, vous serez confronté à des défis et au découragement de vos amis et de votre famille. Mais vous devez apprendre à vous en tenir à votre objectif, même lorsque vous avez l'impression que rien ne fonctionne.

> **« Tous les hommes et les femmes qui réussissent sont de grands rêveurs. Ils imaginent ce que pourrait être leur avenir, idéal à tous égards, puis ils travaillent chaque jour à la réalisation de leur vision lointaine. »**
> -Brian Tracy

Rédigez votre objectif

Tout le monde peut avoir un rêve ou une image mentale de ce qu'il veut réaliser dans la vie, mais tout le monde ne prend pas le temps d'écrire ses objectifs en termes clairs. Le fait d'écrire ses objectifs permet de voir à quoi ils ressemblent sur le papier. Il devient plus facile de se recentrer ou d'ajuster tout aspect qui n'est pas tout à fait logique.

Lorsqu'il s'agit d'écrire des objectifs, il y a trois catégories de personnes que vous découvrirez. La première catégorie de personnes n'écrit pas ses objectifs. La deuxième catégorie écrit ses objectifs, mais sans plan d'action clair sur la manière de les atteindre. La troisième catégorie de personnes écrit ses objectifs et établit un plan d'action clair pour les atteindre. Ce troisième groupe de personnes adopte ce que l'on appelle les objectifs SMART.

Les études montrent que moins de 20 % des personnes écrivent leurs objectifs en termes clairs. Une étude indique également que les personnes qui ont écrit leurs objectifs ont 1,2 à 1,4 fois plus de chances de les atteindre que les autres.

Pourquoi devriez-vous écrire vos objectifs ?

Augmenter vos chances de réussite

Gail Matthews, professeur de psychologie à l'Université dominicaine de Californie, a mené une étude sur la fixation d'objectifs auprès de 270 participants. Les résultats ont montré que les gens ont 42 % de chances en plus d'atteindre leurs objectifs lorsqu'ils les écrivent.

Clarifier vos objectifs

Le fait d'écrire vos objectifs vous aide à identifier en termes clairs ce que vous voulez exactement. Lorsque vous écrivez vos objectifs, vous commencez naturellement à réfléchir aux ressources dont vous disposez et aux stratégies à mettre en œuvre pour les atteindre. Toutefois, il ne suffit pas d'écrire « Je veux être millionnaire à 30 ans. » Vous devez préciser ce que vous ferez exactement et comment vous comptez gagner ces millions.

Lorsque vous rédigez vos objectifs, vous devez vous assurer qu'il s'agit d'objectifs SMART. Nous reviendrons sur les objectifs SMART plus loin dans ce chapitre.

Vous motiver à réussir

Le fait de voir vos objectifs noir sur blanc vous motivera à les atteindre. Vous pouvez évaluer la distance qui vous sépare de la réalisation de vos objectifs. Si vous avez rédigé vos objectifs, vous pouvez également identifier les petites réussites et célébrer les étapes clés.

Gagner du temps

Un objectif bien écrit et clairement défini réduit le temps consacré aux approximations. Une fois que vous avez rédigé vos objectifs, vous avez une meilleure vue d'ensemble. Vous pouvez ainsi réduire le gaspillage des ressources et mieux gérer votre temps.

Quelques lignes directrices pour la rédaction de vos objectifs

Alors, lorsque le moment est venu d'écrire vos objectifs, que devriez-vous faire ? Notez-vous toutes les idées qui vous viennent à l'esprit et vous y référez-vous dans la poursuite de vos objectifs ? Ou bien y a-t-il des principes, des valeurs, des aspirations ou des structures à suivre ? Voici quelques exemples de lignes directrices à suivre :

- Identifiez vos objectifs professionnels ou personnels.
- Rédiger les objectifs en utilisant les principes de l'objectif SMART.
- Identifiez les raisons pour lesquelles vous souhaitez atteindre chaque objectif.
- Veillez à ne pas avoir trop d'objectifs. En fait, il devrait y en avoir moins de 10.
- Écrivez la manière dont vous allez vous y prendre pour atteindre chaque objectif.

« L'ennui quand on n'a pas de but, c'est qu'on peut passer sa vie à courir sur le terrain sans jamais marquer. »
-Bill Copeland

Pour réussir à se fixer des objectifs, il faut toujours les passer en revue pour s'assurer qu'ils sont cohérents. En outre, le fait de travailler avec un partenaire de responsabilisation vous aidera à savoir si vous vous êtes éloigné de vos objectifs.

Élaborez un plan d'action

Écrire ses objectifs sans plan précis sur la manière de les atteindre revient à prendre ses désirs pour des réalités. Pour réussir à fixer vos objectifs, vous devez établir un ordre clair sur la manière dont vous les atteindrez. Sans direction claire, vous risquez d'être frustré et de vous en éloigner.

Conseils pour créer un plan d'action efficace

- Décomposer les objectifs en tâches plus petites.
- Répartissez chaque tâche en plusieurs étapes : quotidienne, hebdomadaire et mensuelle.
- Fixez une priorité pour la réalisation de chaque tâche.
- Créer une étape pour l'évaluation de la réussite.
- Établissez un calendrier pour la réalisation de chaque aspect de l'objectif.
- Soyez précis sur ce que vous avez l'intention d'accomplir à chaque étape de l'objectif.
- Passez régulièrement en revue vos objectifs, vos échéances et vos tâches pour vous assurer que vous êtes sur la bonne voie.

« Visez toujours la lune. Même si vous la ratez, vous atterrirez parmi les étoiles. »
-Les Brown

Pour réussir à se fixer des objectifs, il faut un effort concerté. Vous devez vous lancer, quotidiennement, dans de petites étapes réalisables.

Revoyez vos objectifs

La plupart des gens ne font le point sur leurs objectifs qu'au cours de la nouvelle année. Ils prennent des résolutions du Nouvel An qu'ils finissent par abandonner au bout d'une semaine ou deux. La seule façon de ne pas perdre de vue ses objectifs est de les revoir régulièrement. Revoir ses objectifs, c'est comme avoir une boussole qui sert de guide. Pour accroître son efficacité personnelle, il faut revoir ses objectifs régulièrement.

« Si vous ne savez pas où vous allez, vous finirez probablement ailleurs. »
-Lawrence J. Peters

Pourquoi vous devez revoir souvent vos objectifs

- Cela vous aide à identifier les étapes critiques de votre plan d'action afin d'en assurer la cohérence avec l'objectif global.
- Revoir votre objectif vous permet de le garder à l'esprit et vous motive à poursuivre votre action.
- Au fur et à mesure de la mise en œuvre de vos objectifs, un examen de ceux-ci vous aidera à repérer les éléments qui doivent être réajustés pour être efficaces.
- Vous réduisez les risques de dérapage dans la mise en œuvre de vos objectifs.
- Cela vous aide à avancer plus vite et de manière plus cohérente.
- En révisant vos objectifs, vous éliminerez le gaspillage des ressources. Les efforts déployés pour faire ce qu'il ne faut pas feront l'objet d'économies et augmenteront encore l'efficacité personnelle.
- C'est un excellent moyen de renforcer votre détermination.

« La vie, c'est 10 % ce qui vous arrive et 90 % comment vous y réagissez. »
-Charles R. Swindoll

Comment revoir efficacement les objectifs de sa vie

Il sera plus facile de revoir vos objectifs si vous les avez écrits. Seule une personne qui n'a pas de destination concrète dans la vie vivra sans se fixer d'objectifs. Toutefois, pour devenir un acteur de premier plan dans votre secteur, vous devez savoir comment travailler sur vos objectifs. Si vous avez déjà rédigé vos objectifs selon la méthode SMART, vous pouvez les revoir en procédant comme suit :

- ◆ Choisissez un moment précis chaque jour pour passer en revue vos objectifs hebdomadaires. Veillez à vous engager à évaluer quotidiennement l'indice de performance clé en fonction de vos objectifs. Les premières heures de la matinée sont celles qui conviennent le mieux à certaines personnes. Cela permet de se mettre dans les meilleures conditions pour affronter la journée. Le soir ou l'heure du coucher conviennent mieux à certains, car ils se réveillent en ayant une idée claire du déroulement de leur journée. Nous reviendrons sur ce point dans le prochain chapitre consacré au Club des 5 heures du matin.
- ◆ Évaluez vos objectifs mensuels à la fin de chaque mois pour voir si vous avez réussi.
- ◆ Résumez vos objectifs quotidiens, hebdomadaires et mensuels en trois à dix étapes. En divisant vos objectifs en étapes plus petites, il est plus facile de les revoir. Cela vous permet également de vous familiariser avec le processus sans le rendre ennuyeux ou encombrant. Vous pouvez inscrire les étapes dans votre carnet, votre téléphone, votre tableau ou dans n'importe quels outils que vous utilisez quotidiennement.
- ◆ Au début de chaque semaine ou de chaque mois, passez en revue les activités de la semaine écoulée. Prenez note des tâches quotidiennes, hebdomadaires ou mensuelles accomplies. Faites attention à celles qui sont encore en cours de réalisation et aux domaines où les choses ont mal tourné. Envisagez également des moyens plus efficaces et possibles de résoudre les problèmes.
- ◆ Ajustez vos plans et passez en revue les mesures à prendre pour les jours, les semaines et les mois à venir.

**« Si vous voulez atteindre un objectif, vous devez «
voir l'atteinte » dans votre esprit. »
- Zig Ziglar**

Techniques de définition des objectifs SMART

La clarté dans la définition des objectifs est un facteur majeur
d'amélioration de l'efficacité. Elle vous aide également à rester
concentré. Les objectifs SMART vont au-delà de la rédaction
d'une liste de souhaits. Il s'agit d'une façon de rédiger un objectif réalisable. Un objectif SMART prend en compte le coût
de sa réalisation. George T. Doran a inventé la méthode des
objectifs SMART en 1981 pour la rédaction de buts et d'objectifs de gestion. Les éléments clés d'un objectif SMART sont les
suivants :

Spécifique

Un objectif SMART est un objectif explicite et identifié. Il s'agit
d'une déclaration claire sur les résultats attendus et les actions
nécessaires pour les atteindre. Nous avons tous beaucoup de
choses à faire au quotidien, mais pour accroître notre efficacité personnelle ou professionnelle, nous devons identifier
les tâches qui nous permettront d'atteindre nos objectifs plus
rapidement. Pour cette raison, dressez une liste de tous vos
objectifs, puis sélectionnez ceux qui sont essentiels à la progression de votre carrière.

Par exemple, serez-vous plus à même de réaliser 25 ou 5 tâches
par jour ? Et pourquoi pas une fois par semaine ? Il est préférable de classer chaque tâche par ordre de priorité et de réduire
le nombre de tâches de 25 à 5 en fonction de vos objectifs. Ces
cinq tâches devraient être les plus importantes pour vous aider
à atteindre vos objectifs à moyen et long terme.

Mesurable

Un objectif SMART est un objectif qui peut être mesuré. Il doit y avoir un moyen clair de juger si vous avez progressé ou non dans la réalisation de votre objectif. Lorsque vous le fixez, assurez-vous de définir la manière dont vous allez suivre le succès ainsi que les facteurs clés que vous utiliserez pour montrer comment vous avez travaillé pour atteindre votre objectif.

Atteignable

Un objectif n'est pas une liste de souhaits destinée à la fée marraine. Il doit s'agir d'un objectif que l'on peut atteindre en rassemblant des ressources. Par exemple, une personne dépendante de la cigarette peut se défaire de cette habitude. Comment ? En s'en éloignant. Elle doit également éviter les amis ou les endroits où il est facile d'avoir accès à des drogues ou à des cigarettes. Par conséquent, pour que vos objectifs soient réalisables, vous devez disposer de l'environnement approprié pour les soutenir. Par exemple, pour cultiver l'habitude de lire, vous pouvez vous fixer un objectif de nombre de livres à lire chaque mois. Vous pouvez ensuite sélectionner des thèmes ou des livres pertinents. Enfin, vous pouvez définir une durée pour atteindre l'objectif. Ensuite, vous placez la sélection de livres pour le mois sur votre bureau, dans votre sac ou à un endroit où vous pouvez facilement les atteindre.

Pour que l'objectif soit réalisable, il doit être plus modeste au départ, afin d'éviter de se laisser submerger. Là encore, vous devez disposer des outils nécessaires pour atteindre vos objectifs. Si ce n'est pas le cas, vous devez trouver un moyen d'acquérir ces outils, soit en suivant une formation, soit en demandant l'aide d'autres personnes.

Réalisable

Si vous faites un vœu, c'est bien, même s'il est vague. Toutefois, si vous voulez atteindre vos objectifs personnels ou professionnels, ce souhait doit être réaliste. Cela signifie qu'il doit correspondre à vos objectifs personnels ou professionnels à long terme. Vous devez également avoir accès aux ressources ou au savoir-faire nécessaires pour les atteindre.

Temporel

Tout objectif significatif doit avoir une date de début et d'une date de fin. Un objectif dépourvu d'échéancier ne permet pas de mesurer le degré de réussite. En décomposant vos objectifs en éléments plus petits et en fixant des échéances pour chacun d'entre eux, il sera plus facile de savoir si chaque aspect ne se déroule pas comme prévu.

La fixation d'échéances précises donne également le ton sur l'urgence de l'objectif. Vous pouvez en apprendre davantage sur la manière de rédiger des objectifs SMART et obtenir des modèles pour vous guider.

Résumé du chapitre

- Décider de ce que vous voulez est la clé pour atteindre vos objectifs personnels et professionnels.
- Posséder le bon raisonnement et les bonnes croyances, plutôt que des croyances auto-limitantes, vous aidera à mieux progresser.
- Vous êtes le mieux placé pour vous motiver à atteindre vos objectifs dans la vie.
- Votre but sert de boussole pour atteindre vos objectifs. Il doit guider les décisions et les choix de votre vie.
- Une façon précise de trouver votre but est de passer à l'action.

- La création d'une image mentale aide à rendre vos objectifs de vie plus clairs et plus faciles à atteindre.
- L'image que vous voyez souvent peut devenir votre réalité.
- Les supports visuels vous aident à vous motiver pour atteindre vos objectifs.
- En écrivant vos objectifs, vous augmentez vos chances de les atteindre plus rapidement.
- Les personnes qui écrivent leurs objectifs se concentrent mieux et ont plus de chances de les atteindre.
- Un objectif écrit doit comprendre un plan d'action pour être atteint.
- Un programme d'action permet de mesurer plus facilement la croissance et le succès.
- L'examen de vos objectifs vous aide à procéder à une évaluation appropriée afin d'identifier les problèmes, les échecs, les réalisations et les écarts.
- Un objectif SMART est un objectif qui comporte un résultat escompté et l'action nécessaire pour l'atteindre.

Dans le prochain chapitre, vous apprendrez à maîtriser votre journée afin d'atteindre l'objectif de votre vie. Rejoignez le Club des 5 heures du matin.

CHAPITRE DEUX

Rejoignez le Club des 5 heures du matin

Tout le monde a des habitudes ou des activités habituelles auxquelles il s'adonne. Certaines sont de bonnes habitudes, d'autres des habitudes négatives. Cependant, Robin Sharma dit que : « La victoire commence dès le départ. Et c'est au cours de vos premières heures que se forment les grands héros. Prenez le contrôle de vos matinées et vous maîtriserez votre vie. » On dit que les personnes très productives et qui réussissent se réveillent avant 6 heures du matin pour commencer leur journée. Tim Cook, PDG d'Apple, Tim Armstrong, PDG d'AOL, l'investisseur Kevin O'Leary, Ursula Burns, ancienne PDG de Xerox, Jack Dorsey, PDG de Twitter et de Square, et Jeff Immelt, ancien PDG de GE, ont un point commun : ils se réveillent tous entre 3h30 et 6h du matin pour démarrer leur journée.

Depuis près de dix ans, je me réveille avant 5 heures du matin pour commencer ma journée. Et le fait de me lever tôt a eu un impact phénoménal sur ma journée et sur ma vie en général. Les habitudes sont des choses que vous faites souvent. Vous n'avez besoin d'aucune incitation pour les mettre en œuvre. Pourquoi est-il important de développer des habitudes positives ? Toute habitude peut être apprise, qu'elle soit négative ou positive. L'adoption d'habitudes positives aura un impact sur vos objectifs tout au long de votre vie. C'est l'objectif du

Club des 5 heures de Robin Sharma. On s'élève dans la vie dans la mesure où on se le permet.

J'ai remarqué que j'étais devenu très occupé et que je n'avais plus le temps de lire, mais je savais que la lecture était une part importante de ma vie et un outil d'apprentissage. Lorsque j'ai réévalué mon objectif de vie, j'ai dû admettre cette vérité. Et c'est exactement ce que nous devons tous faire souvent : réévaluer nos objectifs. Quelle est l'activité ou la compétence que vous pourriez acquérir et qui aurait un impact positif sur votre vie ou vos finances ?

En utilisant la règle des 20/20/20 de Robin Sharma, je devais trouver un moyen de m'aider à lire afin d'augmenter ma productivité. La règle prévoit vingt minutes d'exercice, vingt minutes de planification et vingt minutes d'étude. Je planifie ma journée le soir avant de me coucher. Cela me convient mieux, car je me lève en me sentant organisé et en connaissant mes activités pour la journée à venir. J'avais déjà un programme régulier de 30 minutes d'exercice physique chaque matin. De plus, il est utile de commencer par de l'exercice physique, car dès que je me lance dans une activité, ma journée démarre à plein régime et je peux me laisser distraire. Pour cette raison, j'ai restructuré le 20/20/20 pour les études, en le divisant en 20/20/20 le matin.

Pour m'aider à relever ce défi, j'ai placé les livres à lire le matin sur mon bureau. J'ai également veillé à ce que mon réveil soit réglé une heure plus tôt pour m'adapter à la nouvelle routine de lecture à 4h30 du matin. Le premier jour, ça n'a pas été agréable. Lorsque le réveil s'est mis à sonner, j'ai instantanément appuyé sur le bouton snooze. À la deuxième sonnerie, dix minutes plus tard, j'ai dû me traîner hors du lit si je voulais réussir. Il faut de la discipline et une décision ferme pour exceller dans n'importe quel domaine.

Le premier jour a été un véritable désastre : je me sentais inutile et j'avais l'impression que je devais retourner au lit. J'ai à peine survécu à la première matinée, car mes yeux étaient lourds, mon corps engourdi et je n'arrêtais pas de bailler sans arrêt. Le deuxième jour, oui, je suis sorti du lit dès la première sonnerie du réveil. J'ai pris une tasse de café et je me suis rendu à mon bureau. Le deuxième jour n'a pas été meilleur que le premier. Je me suis couché tard, essayant de préparer des documents pour ma réunion du lendemain. Au réveil, j'ai eu l'impression que je devais laisser tomber le deuxième jour, mais je me suis quand même efforcé de le faire.

C'est après avoir fait ma réflexion et ma planification quotidiennes habituelles avant d'aller me coucher que j'ai réalisé ce qui n'allait pas. Je me réveille désormais une heure plus tôt qu'auparavant, ce qui a fait perdre un peu de temps à ma routine de six à sept heures de sommeil. Comme je me réveille à 5 heures du matin, je dois me coucher vers 22h30 ou 23h pour trouver un équilibre.

Le troisième jour, je n'étais plus aussi fatigué que les deux premiers. Cela a amélioré la qualité du temps que j'ai passé à lire. Cela m'a également permis d'atteindre mon objectif plus rapidement. Le pouvoir de l'habitude. Si vous pouvez maintenir le comportement souhaité pendant au moins 30 à 40 jours, votre corps s'y adaptera.

Les secrets du Club des 5 heures du matin de Robin Sharma

Robin Sharma, dont les parents sont indiens et kenyans, est un conférencier, écrivain et coach de réussite canadien de renom. Au début de sa vingtaine, Sharma a dû faire face aux problèmes que rencontrent la plupart des immigrants. Il souhaitait ardemment exceller et était prêt à fournir des efforts supplémentaires pour réussir.

Après avoir obtenu son diplôme de droit et être devenu un avocat accompli, Sharma souhaitait obtenir davantage de la vie. C'est ainsi qu'il a étudié la vie d'autres hommes et femmes qui ont réussi afin de comprendre ce qui les faisait vibrer au fond d'eux-mêmes. Les stratégies de réussite de ces grandes personnalités ont donné naissance aux livres de Sharma : *Megaliving* en 1994, *Le moine qui vendit sa Ferrari* et son dernier ouvrage, Le Club des 5 heures du mat'.

Le Club des 5 heures du matin de Robin Sharma

Robin Sharma a mené une vie simple, mais disciplinée, basée sur des expériences et des formations accumulées au fil des décennies. C'est ce qui a donné naissance au Club des 5 heures du matin. La discipline personnelle que Sharma a apprise dans sa vingtaine l'a aidé à se projeter vers le succès et à éviter les erreurs commises par tant de gens. Aujourd'hui, il s'adresse à des milliers de personnes lors de conférences et d'autres événements.

Sharma affirme que si vous prenez l'habitude de vous lever tous les matins à 5 heures, ou avant, pour mettre en œuvre la formule des 20/20/20, vous pouvez augmenter votre productivité personnelle. C'est ce qu'il appelle « l'heure de la victoire ». Si vous pouvez suivre judicieusement la règle des 20/20/20, vous deviendrez, au fil du temps, plus intelligent, plus agile, plus sûr de vous et vous connaîtrez un regain de créativité.

La formule des 20/20/20 et l'heure de la victoire de Sharma

Pour augmenter votre productivité personnelle, voici comment utiliser votre « heure de la victoire » :

- ♦ Levez-vous à 5 heures du matin (vous pouvez commencer par utiliser le réveil traditionnel pour vous aider à vous réveiller).

- ◆ Faites de l'exercice et méditez pendant 20 minutes.
- ◆ Planifiez votre journée pendant 20 minutes.
- ◆ Lisez un livre ou de la documentation en ligne pour perfectionner vos compétences ou pour apprendre quelque chose de nouveau dans votre domaine.

Comment se réveiller à 5 heures du matin peut augmenter la productivité personnelle

Vigilance mentale

Se réveiller tôt et travailler de manière progressive pour atteindre le Club des 5 heures du matin vous donnera le coup de pouce nécessaire pour commencer la journée. À une heure aussi matinale, la plupart des gens dorment encore ; vous ne risquez donc pas d'être distrait. Vous pouvez vous concentrer, vous sentir à l'aise avec vous-même et réfléchir à vos objectifs. Faire de l'exercice tous les matins présente également des avantages pour la santé mentale et physique de votre corps. La capacité à gérer votre poids vous donnera le sentiment d'être maître de la situation. Les exercices quotidiens ne vous rendent pas seulement alerte mais vous mettent de bonne humeur pour affronter votre journée. Votre corps libère des hormones qui vous aident à vous détendre, à vous déstresser et, éventuellement, à lutter contre la dépression. Voir le chapitre 7 pour plus de détails sur les habitudes à prendre pour augmenter votre énergie physique et mentale.

Élargissez votre socle de connaissances

Consacrer les premières minutes de votre réveil quotidien à la lecture est, je dois le dire, un moyen efficace de commencer la journée. Quelle compétence ou connaissance devez-vous acquérir pour faire progresser votre carrière ou votre objectif personnel ?

Lire au moins 20 minutes par jour peut avoir un impact considérable sur votre vie. Les personnes qui lisent des livres spécifiques pendant quelques minutes par jour ont plus de chances de devenir des leaders dans leur secteur d'activité.

La lecture, tout comme l'exercice, améliore vos capacités cognitives. Elle augmente votre capacité d'apprentissage et développe vos capacités d'analyse et de jugement. C'est un excellent outil pour stimuler votre intelligence et vos capacités cérébrales. La lecture améliore également votre niveau de concentration.

Se sentir revitalisé et motivé

En commençant la journée dans un bon état d'esprit, vous pouvez accomplir de petites réussites, comme faire de l'exercice, lire et bien d'autres choses encore. Ce sentiment vous aide à vous motiver pour des réalisations plus importantes tout au long de la journée. Si vous excellez dans les petites choses, vous obtenez ce sentiment de « je peux le faire ». Cela augmente votre niveau d'optimisme et d'énergie tout au long de la journée. Et avant que vous ne vous en rendiez compte, vous êtes en train de conquérir des problèmes apparemment insurmontables.

« La motivation est ce qui vous permet de commencer, les habitudes sont ce qui vous permet de continuer. »
- Jim Ryun

Augmentez votre autodiscipline

L'autodiscipline est l'une des habitudes des personnes qui réussissent le mieux. La réalisation de tout ce qui est significatif dans votre vie personnelle ou professionnelle ne se fait pas à un prix dérisoire. Il faut de la ténacité, du courage et une forte impulsion pour réaliser quelque chose de grand. Se lever tôt alors que l'hiver bat son plein requiert de la résilience. Lire quotidiennement demande de l'entraînement et une forte volonté. Faire de l'exercice tous les jours pendant 30 minutes, sans sauter de jour ni s'arrêter, demande de l'engagement.

Accomplir les tâches quotidiennes qui feront progresser votre carrière ou votre développement personnel demande de la discipline. Le faire au bon moment et de la bonne manière demande encore plus de discipline. La discipline exige une force physique et mentale.

> **« Surveillez vos pensées, elles deviennent vos paroles ; surveillez vos paroles, elles deviennent vos actions, surveillez vos actions, elles deviennent vos habitudes, surveillez vos habitudes, elles deviennent votre caractère, surveillez votre caractère, il devient votre destin. »**

10 rituels matinaux pour stimuler la productivité personnelle et professionnelle

Quelles sont les habitudes ou les caractéristiques qui, selon vous, peuvent vous aider à réussir dans votre carrière ou votre vie personnelle ? Vous devez acquérir les compétences nécessaires à votre productivité personnelle. Toutefois, avant de devenir un employé performant, voici quelques traits de caractère ou habitudes que possèdent les gens qui réussissent.

Ils dorment suffisamment

Selon une fondation américaine - the *National Sleep Foundation* - un adulte a besoin de sept à neuf heures de sommeil par jour pour vivre en bonne santé. Pour être dans le meilleur état d'esprit possible le matin, il faut dormir suffisamment. Le manque de sommeil réduit votre niveau de concentration au travail.

Par conséquent, pour être en pleine forme, vous devez avoir un temps de sommeil régulier.

La plupart des personnes très performantes se couchent tôt afin de se sentir énergisées et prêtes à affronter les tâches du lendemain.

Ils se lèvent tôt

Les personnes très efficaces ont des heures de sommeil et de réveil spécifiques. Certaines d'entre elles se lèvent dès 3h45 ou 4h. D'autres commencent leur journée à 5 ou 6h. Au début, vous aurez peut-être besoin de l'aide d'un réveil pour vous lever tôt, mais avec le temps, votre corps s'adaptera à cette nouvelle routine. Comme s'il était automatisé, vous vous réveillerez tous les jours à peu près à la même heure.

En vous levant tôt chaque jour, vous disposez d'un excellent moment pour faire de l'exercice, vous adonner à des activités spirituelles, vous développer mentalement et bien d'autres choses encore.

Ils consacrent du temps à la méditation

Les personnes très efficaces comprennent le pouvoir de la réflexion. La méditation ou le temps de réflexion vous aident à maximiser l'utilisation de vos capacités cérébrales. Si vous ne savez pas comment commencer, l'utilisation d'une application de méditation quotidienne peut vous aider à mettre en place une routine de méditation. La méditation quotidienne peut également réduire le stress, lutter contre la dépression, vous aider à vous détendre et à traiter les douleurs chroniques.

Des recherches menées par l'université baptiste de Wake Forest montrent que la méditation peut réduire la douleur de 40 %. En revanche, la prise d'analgésiques à base de morphine permet de réduire la douleur de 25 %. Selon le National Public Radio (NPR) - un média américain indépendant à but non lucratif - la méditation peut réduire le stress et la tension artérielle. Elle améliore également les capacités de résolution des problèmes, le bien-être général, la carrière et les relations personnelles.

Des recherches menées pour l'Institut national de la santé et publiées par la Bibliothèque nationale de médecine des États-Unis indiquent que la méditation peut réduire la perte de cognition chez les personnes âgées.

Ils évitent le café dès le lever

Il est toujours tentant de boire son café préféré dès le réveil. La tentation est d'autant plus grande lorsque le temps devient glacial. Cependant, les personnes qui réussissent le mieux comprennent l'importance de résister à l'envie d'une tasse de caféine chaude dès le matin. En se rendant chaque jour au bureau, Jack Dorsey, PDG de Twitter et de Square, dit qu'il s'arrête dans un café pour prendre son café préféré. Cependant, il commence sa journée par de l'exercice, puis par de la méditation avant de partir au bureau.

Des études scientifiques montrent que la consommation de caféine dès le matin bloque les effets bénéfiques de la caféine sur l'énergie. Par conséquent, votre première tasse de café devrait être consommée beaucoup plus tard, vers 9 heures du matin.

Ils prennent plaisir à s'entraîner

J'ai abordé l'importance de l'exercice physique et ses effets sur le corps et le psychisme. Les personnes les plus performantes dans différents secteurs d'activité comprennent bien comment l'exercice physique peut les aider à maintenir des performances optimales. L'exercice permet de revitaliser le corps, de faire circuler le sang plus rapidement et de rester mentalement alerte. Il ne s'agit pas nécessairement d'une activité rigoureuse, mais plutôt d'un exercice léger et amusant. Que ce soit de la marche rapide, de la natation, de la danse ou du jogging, toute activité physique qui aide le cœur à battre plus vite ou le sang à circuler fera l'affaire.

Ils organisent leur emploi du temps pour la journée

Oui, certaines personnes puissantes travaillant dans de grandes entreprises emploient des assistants personnels pour gérer leur emploi du temps, mais les personnes qui réussissent le mieux vérifient et organisent également leur emploi du temps personnellement. Organiser son emploi du temps permet de s'assurer que la journée se déroule comme prévu, avec moins de contretemps.

Une fois qu'elles ont établi des priorités pour les activités de la journée, les personnes qui réussissent peuvent travailler de manière ordonnée. Elles ont une idée claire de ce qu'elles veulent accomplir à la fin de chaque journée. Même en cas d'imprévus ou d'interruptions, il devient plus facile de suivre ses progrès.

Les personnes qui réussissent bien organisent leur emploi du temps de manière à consacrer le temps le plus productif de la journée à la tâche la plus importante, conformément à leurs objectifs.

Ils adoptent des habitudes alimentaires saines

Le petit-déjeuner est l'un des repas les plus importants de la journée. Les personnes les plus performantes savent qu'il est important de prendre un petit-déjeuner pour être productif. Le petit-déjeuner intervient après le long jeûne du dernier repas de la veille. Votre corps a donc besoin de ce repas comme carburant. Vous vous sentirez beaucoup mieux en mangeant, et en mangeant bien, pour affronter les tâches de la journée.

Il arrive que l'on soit agité ou que l'on ne ressente pas le besoin de prendre un petit-déjeuner. On est alors tenté de sauter le premier repas de la journée. Toutefois, comme le dit Richard Branson, PDG du groupe Virgin, vous pouvez manger quelque chose de léger pour commencer la journée. Les fruits, les céréales complètes, les glucides ou encore les protéines sont idéaux.

Ils s'habillent simplement

Les personnes qui réussissent bien ont tendance à passer moins de temps à se demander comment s'habiller chaque jour. Elles préfèrent consacrer leur énergie à des choses plus productives plutôt que de se créer un stress mental à cause de leurs vêtements. Ce que font les personnes qui réussissent le mieux, c'est de créer une sélection de vêtements simples. Elles portent des mélanges de couleurs attrayants, des baskets ou des chaussures confortables, ainsi que des tenues dépareillées. Avec de telles combinaisons, il est facile pour ces PDG et cadres occupés de choisir leurs vêtements au quotidien. Par exemple, Mark Zuckerberg, PDG de Facebook, a déclaré à l'Independent qu'il portait une collection particulière de vêtements pour simplifier sa tenue vestimentaire et conserver son énergie mentale pour le travail de la journée.

Mark est connu pour ses jeans, ses t-shirt gris et ses sweat-shirt. D'autres milliardaires de la technologie portent également des vêtements simples. Steve Jobs portait souvent un pull à col roulé et un jean noir. Evan Spiegel, PDG de Snap, porte un t-shirt blanc à col en V avec un jean noir et des baskets blanches. Sundar Pichai, PDG de Google, préfère une simple veste de survêtement, un jean et des baskets. Jack Dorsey porte son jean habituel, un t-shirt noir à col rond et des baskets. Avoir l'air élégant ne doit pas nécessairement coûter très cher ni prendre tout le temps du monde. Cependant, portez des vêtements appropriés et soyez élégant pour renforcer votre confiance en vous.

Ils créent un modèle de travail

La meilleure façon d'aborder les tâches de la journée reste une question d'actualité qui suscite des opinions variées. Alors que certaines personnes commencent la journée en s'occupant de tâches plus petites comme la lecture de courriels ou de lettres, d'autres commencent par les projets les plus difficiles et les réduisent ensuite. Quoi qu'il en soit, et quel que soit votre choix, veillez à ce que la première heure de travail soit productive.

Après avoir hiérarchisé les tâches de la journée, je commence mon programme de travail par des tâches plus petites qui ne demandent pas beaucoup de temps. Cependant, ces dernières peuvent avoir un impact sur mes résultats de la journée. Les activités telles que la vérification de mes courriels, lettres, et autres messages, apparaissent généralement lorsque je trie les éléments dont j'ai besoin pour commencer à travailler. Une fois que les documents et les outils dont j'ai besoin sont sur mon bureau, je me lance dans les tâches les plus importantes de la journée.

Les tâches plus importantes peuvent prendre 3 à 5 heures de plus, voire plus, pour être accomplies. Pendant les heures de travail, je ne lis et ne réponds aux courriels liés au travail qu'à une heure précise. Toutefois, pendant mes pauses sociales ou décontractées, je prends le temps de consulter mes courriels et les fils d'actualité de mes réseaux sociaux lorsque j'ai besoin de me changer les idées pendant quelques minutes.

Ils font plusieurs choses à la fois

Bien que les recherches montrent que le multitâche réduit les niveaux d'efficacité au travail, les personnes qui réussissent l'exploitent dans leur routine. Par exemple, le New York Times rapporte que Bill Gates, fondateur de Microsoft, regarde des DVD tout en faisant de l'exercice pour continuer à s'instruire. Personnellement, les toilettes sont un endroit idéal pour réfléchir ou lire. Cela m'aide à me détendre, à réfléchir aux activités passées et à trouver des idées géniales pour résoudre certains problèmes de la vie. Non seulement je vide mes intestins, mais j'acquiers une vision nouvelle d'une tâche à accomplir.

Conseils pour tirer le meilleur parti du Club des 5h du matin de Sharma

- Pour bien dormir la nuit, essayez d'éteindre tous vos gadgets technologiques, comme vos téléphones et vos tablettes. Je sais que cela peut s'avérer difficile pour certains, mais vous devez avoir moins de distractions. Sheryl Sandberg, PDG de Facebook, affirme qu'éteindre son téléphone le soir est un excellent moyen de se reposer et d'éviter les distractions.
- Faites des efforts pour vous détendre avant de vous coucher afin de pouvoir dormir facilement. Par exemple, évitez de prendre des repas lourds une ou deux heures avant le coucher.
- Pour bien dormir la nuit, il est utile de disposer d'une ambiance et d'un éclairage adéquats. Par conséquent, évitez de trop éclairer votre chambre en éteignant les lumières vives. Si vous devez laisser la lumière allumée, optez pour des lumières colorées ou chaudes.
- Si vous n'avez pas l'habitude de vous réveiller tôt, allez-y doucement. Essayez de vous réveiller 15 à 30 minutes plus tôt que d'habitude. Après trois jours, vous pouvez augmenter votre heure de réveil entre 45 mi-

nutes et une heure pour atteindre l'objectif de 5 heures du matin. Cette stratégie vous aidera à réduire la pression exercée sur votre corps au début.

◆ Efforcez-vous de maintenir une routine en matière d'exercices. Au lieu de séances lourdes d'une heure ou plus par jour, faites des séances d'exercices légers d'environ 30 minutes par jour. L'objectif n'est pas de vous épuiser ou de vous rendre la tâche pénible, mais bien de la rendre passionnante.

◆ Prenez la liberté de porter les vêtements que la culture de votre organisation autorise, mais cherchez toujours les meilleurs moyens de combiner les couleurs et les vêtements pour vous simplifier la vie.

◆ Si votre horaire de travail commence beaucoup plus tard, le club des 8 heures du matin pourrait vous convenir davantage que celui des 5 heures du matin. Tenez-vous en à ce qui vous aide à augmenter votre productivité personnelle en utilisant la formule des 20/20/20 de Sharma.

En rejoignant le Club des 5 heures du matin, vous avez le temps de prendre votre journée en main. Vous avez amplement le temps de ruminer sur des questions et d'utiliser le pouvoir de l'imagination pour concevoir ou visualiser votre journée. Vous pouvez passer plus de temps à apprendre ou à faire des recherches sur les choses dont vous avez besoin pour atteindre vos objectifs. Cela vous donnera l'énergie nécessaire pour accomplir beaucoup de choses.

Résumé du chapitre

Ce chapitre s'est intéressé à la manière dont les heures du matin peuvent avoir un effet sur la productivité personnelle. Le Club des 5 heures du matin de Robin Sharma a été utilisé comme prototype pour vous aider à accroître vos performances. Voici ce qu'il faut retenir de ce chapitre :

- Les personnes qui réussissent bien ont des habitudes de travail qui leur permettent d'exceller.
- Le Club des 5 heures du matin de Robin Sharma explique ce qu'il faut faire pendant la première heure du réveil.
- Organisez vos journées avec la formule des 20/20/20 de Sharma.
- Faites de l'exercice pendant les vingt premières minutes, planifiez votre journée pendant les vingt minutes suivantes et étudiez pendant les vingt dernières minutes.
- Le temps d'étude vous permet d'acquérir une nouvelle compétence ou d'améliorer vos compétences dans le cadre de votre carrière.
- Étudier au moins vingt minutes par jour permet d'augmenter la productivité personnelle.
- Pour exceller au Club des 5 heures du matin, vous devez équilibrer vos heures de sommeil et de réveil. Ne vous privez pas d'un sommeil suffisant parce que vous en avez besoin pour atteindre vos objectifs. Au contraire, adaptez votre temps de sommeil pour compenser un quelconque manque.
- Se lever tôt pour commencer la journée augmente la vivacité d'esprit.
- Le Club des 5 heures du matin vous apprend à intégrer la discipline dans votre journée, chose que font les personnes qui réussissent.
- La méditation fait partie intégrante de votre vie et de votre emploi du temps, car elle vous aide à peaufiner votre vie et à la faire progresser.

Dans le prochain chapitre, nous verrons comment créer un Kanban personnel pour vous aider à hiérarchiser et organiser efficacement les tâches.

CHAPITRE TROIS

Créez votre Kanban personnel pour hiérarchiser et organiser les tâches

La vie peut parfois devenir plus compliquée que vous ne le souhaitez. S'occuper de ses clients, suivre le rythme d'un travail de 9 à 17h, faire face à d'énormes factures à la maison, et bien d'autres choses encore, tout cela a tendance à rendre la vie mouvementée. Nous essayons de trouver des réponses sur la manière d'organiser nos priorités ou sur le nombre de tâches que nous pouvons accomplir chaque jour ou chaque semaine. Nous nous efforçons de déterminer les tâches dont nous devons nous occuper en priorité et celles que nous devons déléguer.

Qu'il s'agisse d'une petite, d'une moyenne ou d'une grande organisation, l'établissement de priorités restera toujours un véritable outil de réussite. Pour atteindre la productivité personnelle au travail, dans les études ou dans les relations personnelles, il faut savoir organiser les tâches de manière efficace. C'est précisément la raison pour laquelle vous devez comprendre comment créer un Kanban personnel pour atteindre vos objectifs personnels et professionnels.

Qu'est-ce que le Kanban personnel ?

Le Kanban personnel est un modèle développé par Jim Benson et Tonianne DeMaria Barry. Kanban est un logiciel couramment utilisé par les informaticiens pour hiérarchiser les tâches importantes et stimulantes, ainsi que pour maximiser le temps. Il s'agit d'une version abrégée et facile à utiliser des méthodes Kanban, conçue pour vous aider à améliorer votre productivité. Le Kanban personnel permet aux individus, qu'ils soient professionnels ou étudiants, de devenir plus efficaces. L'idée de Jim Benson est de simplifier votre vie et de vous débarrasser des tracas de la vie quotidienne. Essayer d'en faire trop peut s'avérer désastreux, et il y a des limites à ce qu'un individu peut gérer seul. C'est pourquoi de nombreuses tâches sont mal exécutées ou laissées en suspens pendant trop longtemps.

L'approche Kanban de Jim et Tonianne vous montre comment hiérarchiser vos tâches en les inscrivant dans le système comme étant *en attente* ou *prêtes.* Il est ainsi plus facile de déterminer les tâches qui sont réellement prioritaires. Avec le Kanban personnel, vous pouvez suivre l'évolution de votre travail à la fin de chaque semaine. Vous pouvez identifier les tâches achevées et les tâches en attente.

Le Kanban personnel consiste en une simple visualisation de toutes vos responsabilités à l'aide d'un tableau blanc (ou de post-it) pour indiquer la progression. Pour exceller dans l'établissement des priorités, vous pouvez créer une structure pour vos tâches, en créant trois colonnes sur le tableau blanc. Chaque colonne couvrira une catégorie spécifique de tâches : les tâches *en attente*, les tâches *en cours* et les tâches *terminées.*

Pour prendre le contrôle de votre vie, le Kanban personnel est un outil puissant. De plus, il s'adapte à tous les types de responsabilités et à tous les besoins de fixation d'objectifs afin d'améliorer le déroulement du travail.

Pourquoi vous devriez hiérarchiser les tâches

L'établissement de priorités consiste à décider quelle est l'activité la plus importante par rapport à votre objectif, afin de vous en occuper en premier. Il s'agit de classer les tâches en fonction de leur pertinence par rapport à vos objectifs quotidiens.

Valoriser votre temps

Le temps est une ressource limitée mise à la disposition de tous de manière égale : 24 heures par jour, 7 jours par semaine et 365 jours par an. Parfois, les gens consacrent leur temps à des choses moins précieuses. Cela ne veut pas dire que ces choses ne sont pas essentielles, mais elles n'ajoutent peut-être pas autant de valeur à vos résultats.

Pour augmenter votre productivité, vous devez passer plus de temps à faire des choses non seulement importantes, mais aussi moins urgentes. En apprenant à hiérarchiser votre temps à l'aide du modèle Kanban, vous obtiendrez plus de valeur pour le temps que vous passez à travailler.

Mieux organisé et concentré

Au lieu de faire les choses au hasard, faites une petite quantité de choses à la fois, mais d'une meilleure manière. Le Kanban personnel nous apprend à faire le bon travail au bon moment. Avec une liste de tâches ou un plan Kanban bien conçu, vous pouvez organiser vos objectifs personnels et professionnels. Cela vous aidera à diviser vos objectifs hebdomadaires et mensuels en tâches quotidiennes plus petites.

Lorsque vous parvenez à mettre en place cette structure, vous vous concentrez davantage sur la réalisation de vos objectifs.

Augmentation de la productivité et de la rentabilité

Avec votre Kanban personnel, vous devriez constater une amélioration de votre productivité. Une productivité accrue se traduira par un profit plus élevé. Consacrer du temps de qualité aux choses qui produisent un meilleur résultat dans votre carrière conduit naturellement à plus de profit et de succès.

Les principes de base du Kanban personnel

Le Kanban personnel repose sur deux principes de base :

- La visualisation de votre travail.
- La limitation de la progression de votre travail.

La visualisation de votre travail

La visualisation de votre travail est un excellent moyen de transformer en actions simples des concepts ou d'autres activités professionnelles exigeantes. Des recherches ont montré que le cerveau humain réagit plus vite et mieux aux images ou aux éléments visuels qu'aux mots, et ce dans une proportion d'au moins 90 %. En outre, l'esprit humain peut traiter les images 60 000 fois plus rapidement que le texte. Par conséquent, le Kanban fonctionne intrinsèquement comme une plateforme visuelle de planification des tâches. Il vous aide à visualiser vos tâches et à simplifier le processus de mise en œuvre de ces dernières.

La limitation de la progression de votre travail

En tant qu'être humain, nous essayons parfois de nous comporter comme des surhommes capables de faire plus que ce dont nous sommes capables. Nous entreprenons plusieurs tâches en même temps et nous nous retrouvons avec un travail de qualité médiocre. Des recherches récentes confirment que le cerveau humain n'est pas en mesure de mener à bien plusieurs tâches de manière optimale. C'est pourquoi vous constaterez que certaines tâches sont mieux accomplies que d'autres.

Lorsque vous limitez votre progression, cela ne signifie pas que vous vous privez de la possibilité d'en faire plus. En limitant votre progression, il est plus facile de vous concentrer sur des tâches spécifiques et de les mener à bien. La limitation de l'avancement du travail rend nécessaire la prise en charge de responsabilités que vous pouvez terminer au fil du temps et que vous pouvez mener à bien jusqu'au bout. Cela élimine le problème d'avoir plusieurs projets inachevés, ce qui génère de la frustration.

Limiter la progression du travail vous permet de mieux valoriser votre temps en hiérarchisant chaque tâche qui se présente à vous. Vous apprenez à hiérarchiser les tâches et à identifier le travail le plus critique à effectuer à chaque fois.

Le mantra du Kanban personnel vous encourage à commencer et à terminer une tâche avant de passer à la suivante. Votre productivité s'améliorera si vous ne menez pas plusieurs projets en même temps (multitâche).

Il est utile de ne pas avoir à s'occuper de toutes les tâches. La délégation ou l'externalisation de tâches, au lieu d'essayer de tout faire soi-même, sont d'autres stratégies qui permettent d'accomplir plus de choses. Lorsque vous adopterez pour la première fois le plan de Kanban personnel, votre première réaction sera un sentiment de gêne. La plupart du temps, vous aurez l'impression que votre vie est soumise à un contrôle externe. Si vous êtes quelqu'un qui tire une satisfaction personnelle à jongler avec plusieurs activités, vous aurez d'abord l'impression d'être moins performant. L'impression que vous travaillez moins n'est pas exacte. Une fois que vous vous serez autorisé à vivre dans les limites du *WIP* (*Work-In-Process*, *travail en cours*), vous découvrirez que vous avez réalisé beaucoup plus de choses au fil du temps. Les résultats seront d'une qualité exceptionnelle et mieux adaptés aux objectifs de votre entreprise et à vos objectifs personnels. Même vos clients et votre famille remarqueront l'amélioration.

Les effets négatifs du multitâche

J'ai déjà été victime d'une tentative de multitâche sur plusieurs activités distinctes. Lorsque j'ai commencé ma carrière de consultant, j'ai essayé de jongler avec la préparation d'un plan d'affaires (*business plan*), du travail académique et la coordination d'un événement social. Pendant ce temps, je passais des appels, j'envoyais des courriels et j'essayais de rassembler davantage d'informations pour mon plan d'entreprise. Je devais également appeler les traiteurs, les équipes médiatiques et les décorateurs pour que l'événement se déroule sans encombre. Tout s'est terminé par un fiasco, car j'ai omis certains aspects essentiels de l'événement. Seules des mesures de dernière minute ont permis de sauver les meubles. Quant à mon plan d'entreprise, il n'était pas prêt à être présenté au moment opportun. C'est la raison pour laquelle vous devez limiter la progression de votre travail à l'aide du tableau Kanban personnel. Voici quelques-uns des effets néfastes du multitâche.

Une baisse du quotient intellectuel

Des recherches menées par l'université de Londres montrent que le multitâche a tendance à faire baisser le quotient intellectuel d'au moins 17 %. L'effet du multitâche est similaire à celui d'une personne qui a fumé de la marijuana ou qui a passé une nuit blanche. L'individu finit par mémoriser moins de détails à l'issue de sa séance de travail.

Une réduction de l'efficacité du cerveau

L'Association américaine de psychologie a publié un article dans la Revue de psychologie expérimentale sur le multitâche. Cet article indique que le multitâche réduit la capacité du cerveau à traiter les problèmes plus rapidement. Pour traiter plusieurs tâches, le cerveau doit passer d'un élément à l'autre, ce qui prend du temps. Le cerveau doit effectuer ce changement en désactivant une règle cognitive au profit d'un autre objectif.

De plus, des recherches menées à l'université du Sussex indiquent que le multitâche peut altérer le fonctionnement du cerveau.

Comment utiliser le tableau Kanban personnel

Le tableau Kanban personnel se compose de trois colonnes distinctes qui vous aident à classer vos tâches par ordre de priorité. Ces trois colonnes contiennent les sections « À faire », « En cours » et « Terminé ». La section « À faire » est également appelée « Option ».

Colonne 1 : À faire ou Option

Dans la première colonne, inscrivez chaque objectif ou tâche que vous avez l'intention d'accomplir. Deux stratégies peuvent être adoptées à cet égard. Inscrivez dans la colonne 3 à 5 de vos tâches les plus importantes. La seconde stratégie consiste à écrire toutes les missions que vous avez l'intention d'accomplir, quel qu'en soit le nombre. Au moment de la mise en œuvre, vous décidez alors des tâches à faire passer dans la colonne suivante.

Les éléments à inclure dans la première colonne peuvent être des objectifs professionnels et personnels. Les tâches professionnelles comprennent notamment les réunions avec les fournisseurs le lundi à 10 heures, la soumission d'une proposition à un client spécifique à midi, le paiement de l'assurance, la rédaction de lettres à des clients potentiels ou encore la réponse aux courriels et aux demandes de renseignements. En ce qui concerne les tâches personnelles, vous pouvez y inclure par exemple la consultation chez votre médecin le mercredi avant 14 heures, la promenade de votre chiot tous les soirs ou encore votre présence à la cérémonie de remise des diplômes de vos enfants vendredi avant 10 heures.

En gardant cela à l'esprit, vous pouvez créer un plan personnalisé pour votre colonne « À faire » afin de couvrir les tâches professionnelles et les tâches personnelles. Les responsabilités personnelles peuvent inclure des objectifs spirituels, financiers, de santé, d'éducation ou des objectifs sociaux. Lorsque vous choisissez une tâche à accomplir, concentrez-vous sur celles qui vous rapprochent le plus de vos objectifs à long terme. En suivant le tableau Kanban personnel, vous vous concentrerez sur les tâches les plus importantes plutôt que sur les plus urgentes.

Colonne 2 : En cours de réalisation ou en cours d'exécution

Chaque tâche doit déjà être assortie d'un délai d'exécution. Lorsque le moment est venu d'exécuter une tâche particulière, vous la transférez de la colonne « À faire » à la colonne « En cours ». Par exemple, lorsque vous souhaitez réaliser un élément de votre objectif personnel, tel que consulter votre médecin, vous le placez dans la colonne « En cours » (colonne 2). Toutefois, évitez d'ajouter trop d'éléments dans cette colonne afin de ne pas vous surcharger. Si vous avez l'impression d'en avoir plus que vous ne pouvez en gérer, n'hésitez pas à replacer certains éléments dans la colonne « À faire ». Il est préférable de terminer un petit nombre de tâches dans la colonne 2 avant d'en transférer d'autres de la colonne 1.

Mais avant cela, vous devez fixer une limite dans la quantité de travail en cours. Cette limite correspond à la quantité maximale ou autorisée de tâches que vous devez traiter à une période donnée. Ces tâches doivent être placées dans la deuxième colonne « En cours ». Ainsi, vous vous obligez délibérément à consacrer toute votre énergie sur l'accomplissement de ces seules tâches.

Dans la plupart des cas, ces tâches constituent ce que vous pouvez accomplir avec succès. N'oubliez pas de fixer des limites de référence pour les travaux en cours et de toujours vous y tenir.

Colonne 3 : Terminé

Seule une tâche achevée doit figurer dans la colonne « Fait » ou « Terminé ». Toutefois, certaines tâches nécessitent un suivi ou peuvent revenir dans votre liste de tâches. À ce moment-là, vous pouvez réintroduire une tâche dans la première colonne « À faire ». En d'autres termes, si vous avez consulté votre médecin cette semaine, cette tâche doit être placée dans la colonne « Fait », mais si vous avez un autre rendez-vous avec votre médecin à une autre date, elle peut être réintroduite dans la colonne « À faire ».

Chaque fois qu'une tâche passe avec succès de la première colonne « À faire » à la troisième colonne « Terminé », elle suscite un sentiment d'accomplissement. Ce sentiment vous incite à accomplir davantage de tâches. En suivant ce processus sur le tableau Kanban, vous obtiendrez une image plus claire et plus attrayante. Au fil du temps, vous constaterez une augmentation de votre niveau de productivité. La passion d'accomplir plus de choses deviendra plus forte.

Créer son propre tableau Kanban

Vous pouvez facilement créer votre propre tableau Kanban. Tout ce dont vous avez besoin, c'est d'un tableau blanc et de post-its ou d'autocollants pour commencer à créer votre tableau. Vous pouvez également créer un tableau Excel ou un document Word contenant les colonnes et les lignes nécessaires. Une fois votre support choisi, élaborez vos trois colonnes : « À faire », « En cours » et « Terminé ».

Outre l'utilisation d'un tableau blanc, vous pouvez utiliser des outils de gestion des tâches en ligne tels que les outils gratuits Trello ou Asana. Ces outils vous permettent de créer des tâches et de les classer par ordre de priorité.

Lignes directrices pour l'utilisation du Kanban personnel

- ◆ Évitez de surcharger la colonne 1 « À faire ». Toutefois, si cela s'avère nécessaire en raison du volume des tâches à accomplir, incluez-les sans hésiter.
- ◆ Créez un calendrier spécifique pour la réalisation de chacune de ces tâches afin de savoir quand les faire passer dans la deuxième colonne.
- ◆ Veillez à établir une échelle de préférence en plaçant la tâche la plus importante en tête de votre colonne « À faire ».
- ◆ Il est également possible de créer une colonne distincte entre les colonnes 1 et 2. Appelez cette colonne « Tâches prioritaires » ou colonne 1A. Si vous avez trop de tâches dans la colonne 1, déplacez les tâches à forte valeur ajoutée dans la colonne « Tâches prioritaires », en laissant les autres pour les tâches générales. Vous pouvez déplacer par intermittence des tâches dans la colonne 1A avant qu'elles n'atteignent le stade « En cours ».

- Examinez et mettez à jour régulièrement votre tableau Kanban. Conformément à votre objectif, le tableau Kanban doit être revu quotidiennement ou hebdomadairement afin d'identifier les disparités ou de mettre à jour les activités.
- Si les tâches deviennent trop lourdes pour votre nouvel emploi du temps, apprenez à externaliser ou à déléguer certaines d'entre elles.

Conseils simples pour hiérarchiser les tâches

- Notez toutes vos tâches dans un seul endroit (le Kanban personnel).
- Organisez ou hiérarchisez vos tâches à l'aide du Kanban personnel. Pour classer efficacement vos tâches par ordre de priorité avant de les inscrire sur le Kanban personnel, vous pouvez les classer dans les catégories suivantes :

Faire - Tâche nécessitant une attention urgente.
Reporter - Tâche devant être effectuée plus tard.
Déléguer - Tâche devant être effectuée par d'autres ou externalisée.
Supprimer - Tâche n'ayant pas beaucoup de valeur ou étant restée trop longtemps sur la liste.

La matrice d'Eisenhower peut vous aider à déterminer ce qui doit figurer sur votre liste de choses à faire.

- Choisissez de planifier les tâches de chaque jour la veille au soir ou tôt le matin. Si vous passez en revue les consignes de chaque jour le soir, il sera plus facile de planifier les tâches du lendemain.
- Soyez proactif dans votre façon de gérer le travail de chaque jour. Prenez le contrôle en ne réagissant pas

aux activités, mais en déterminant comment la tâche de chaque jour doit se dérouler.

♦ Consacrez du temps à votre famille, à vos amis et à d'autres activités non liées au travail. La détente et la socialisation peuvent vous mettre dans un meilleur état d'esprit pour accomplir plus de tâches de manière productive.

♦ Soyez aussi flexible que nécessaire. Les tâches qui ne sont pas achevées peuvent être placées dans le Kanban personnel pour un autre jour.

♦ Accordez plus d'attention aux tâches qui auront plus d'impact sur vos objectifs à long terme. Concentrez-vous sur les tâches qui vous donnent plus de résultats et pas seulement sur celles qui vous occupent.

♦ Vous pouvez avoir un partenaire de responsabilisation, quelqu'un qui vous obligera à respecter vos objectifs.

Résumé du chapitre

Ce chapitre s'est concentré sur les points suivants :

♦ Essayer de gérer toutes activités quotidiennes peut nuire à votre productivité, c'est pourquoi vous devez savoir comment établir des priorités dans votre vie.

♦ Vos objectifs personnels et professionnels peuvent être une source de conflit ; le Kanban personnel peut donc vous aider à mieux hiérarchiser vos tâches.

♦ Le Kanban personnel est un système de productivité ou de gestion des tâches qui permet aux individus de classer chaque tâche par ordre de priorité.

♦ La hiérarchisation des tâches vous permet de tirer le meilleur parti d'un temps limité et d'être plus productif.

♦ Les deux principes de base du Kanban personnel sont la visualisation du travail et la limitation de la progression du travail.

- La visualisation de votre travail consiste à créer un bloc mental qui vous permettra d'améliorer vos performances clés.
- Les recherches montrent que les images ont 93 % de chances de plus que les textes de marquer l'esprit humain.
- Limiter la progression de votre travail est une tentative de dire « non » à la réalisation d'un plus grand nombre de tâches que vous ne pouvez accomplir en une journée ou en une semaine.
- La limite de travail en cours consiste à fixer un nombre spécifique de tâches à accomplir sans se surcharger ni entraver son niveau de productivité.
- Le multitâche peut entraîner une baisse de la productivité.
- Pour utiliser le Kanban personnel, vous devez créer trois colonnes contenant les rubriques « À faire », « En cours » (ou « En cours d'exécution ») et « Terminé ».
- La colonne « À faire » doit contenir 3 à 5 tâches (ou plus) que vous devez accomplir en fonction de vos objectifs.
- La colonne « En cours » ou « En cours d'exécution » doit répertorier les travaux que vous êtes maintenant prêt à exécuter.
- La colonne « Terminé » doit contenir toutes les missions achevées.
- Il est préférable de classer vos tâches par ordre de priorité, en commençant par les plus importantes plutôt que les plus urgentes.
- Déplacez chaque tâche d'une colonne à l'autre au fur et à mesure que vous progressez.
- Le Kanban personnel doit être simple et non compliqué.
- Il est utile de disposer d'un tableau blanc et de post-its pour créer votre Kanban personnel.

♦ Revoyez régulièrement le Kanban personnel pour le mettre à jour et l'améliorer.

Dans le chapitre suivant, vous découvrirez les dangers de la procrastination et les moyens de la surmonter.

Chapitre quatre

Comment surmonter la procrastination

La procrastination est une voleuse de temps, comme l'a justement qualifié Edward Young. En termes de productivité, la procrastination est l'un des principaux facteurs qui empêchent les gens d'avancer à grands pas dans la vie. Elle empêche de prendre les bonnes décisions au bon moment ou d'agir rapidement pour atteindre des objectifs spécifiques. À bien des égards, la procrastination a maintenu un grand nombre d'individus dans le piège de travailler plus dur plutôt que plus intelligemment.

Les opportunités ont tendance à nous échapper lorsque le temps qui aurait dû être consacré à un usage productif s'échappe lentement.

La procrastination n'est pas nécessairement synonyme de paresse, mais de retard dans l'exécution d'une tâche. Sur la base de ses recherches, Piers Steel affirme que près de 95 % des êtres humains procrastinent à des degrés divers. Nombreux sont ceux qui se retrouvent esclaves de cette attitude habituelle et qui souhaiteraient pouvoir vaincre la procrastination. Même les rêves et les efforts personnels finissent par être victimes de la procrastination. Les gens suivent ce cycle pendant des années sans prendre de mesures significatives pour atteindre les objectifs qu'ils se sont fixés.

La procrastination peut nuire à la productivité. Elle entraîne souvent une baisse de l'estime de soi, une dépression, de la frustration, des insuffisances et de la culpabilité. Plutôt que de s'en prendre à soi-même, il convient de prendre des mesures délibérées et concrètes pour surmonter ce trait de caractère. La lutte contre la procrastination passe par l'action. Un procrastinateur qui veut avancer dans la vie doit comprendre que c'est maintenant qu'il faut commencer. Surmonter la procrastination est possible, mais il s'agit d'un processus graduel qui n'est réalisable que si l'on est prêt à prendre les mesures nécessaires.

Les étapes suivantes vous aideront à vaincre le fléau de la procrastination.

Étape 1 : Admettez-le, vous procrastinez

Le premier pas vers la réalisation de soi est d'identifier que l'on a un problème qui nécessite une attention ou une aide urgente. En se disant la vérité, le voyage se raccourcit. Remettre les choses à plus tard indéfiniment ou se laisser distraire par une activité principale n'est pas un mode de vie sain pour les personnes qui réussissent. Voici quelques moyens de vérifier si la procrastination est devenue votre mode de vie.

Laisser des tâches importantes en suspens

De nombreuses personnes sont encore victimes de la distraction et de l'incapacité à établir des priorités, ce qui les pousse à laisser de côté les choses importantes. Les gens commencent parfois une tâche avec beaucoup d'enthousiasme, puis, en raison de la pression, des distractions, des défis et autres, ils l'abandonnent à mi-chemin. Lorsque quelque chose d'autre se présente, ils se jettent dessus et oublient ce sur quoi ils travaillaient. Si cet acte devient une habitude, la procrastination deviendra un mode de vie.

Abandonner des tâches hautement prioritaires pour des tâches moins critiques

Certaines écoles de pensée estiment que le fait de s'occuper de petites tâches vous donnera la motivation nécessaire pour entreprendre des missions plus importantes. Une autre école de pensée croit que la meilleure partie de votre journée devrait être consacrée aux tâches les plus difficiles. Cependant, certaines personnes s'attaquent à des tâches plus modestes, mais négligent ensuite les tâches plus importantes. Le danger est alors que les tâches prioritaires finissent par ne plus recevoir d'attention.

En outre, poursuivre les tâches les moins critiques alors que du temps précieux s'écoule peut être contre-productif. Une fois que l'on s'habitue à répondre d'abord aux questions urgentes et pressantes, au lieu d'apprendre à traiter les tâches essentielles, cela devient une habitude dont il est difficile de se défaire.

Donner de son temps aux autres au détriment du sien

Il est bon d'aider les autres et d'essayer de résoudre leurs problèmes professionnels. Cependant, laisser les autres déterminer le déroulement de votre journée est une recette pour l'échec.

Le fait de s'occuper d'abord des amis et de la famille peut vous faire perdre beaucoup de temps pendant vos heures de travail limitées. S'il n'est pas mauvais d'aider sa famille, ses amis et ses collègues, cela ne doit pas se faire au détriment de son propre travail. Inscrivez toute assistance sur votre liste de choses à faire afin qu'elle puisse s'intégrer dans votre programme, plutôt que de supplanter vos autres tâches.

Attendre le bon moment, la bonne humeur ou la bonne condition

Il est illusoire de penser qu'il existe un moment, une humeur ou un état favorable pour accomplir quoi que ce soit de significatif. Trop de gens sont victimes de leurs propres émotions et de leur timing. L'attente de la bonne condition ou du moment « parfait » qui ne semble jamais venir a plongé de nombreuses personnes dans des années perdues à ne rien accomplir de tangible. Votre humeur peut servir d'excuse à la procrastination, en affirmant que le moment n'est pas propice ou que tous les facteurs ne sont pas réunis pour une exécution en douceur.

Cependant, la vérité est qu'il n'y a jamais de moment idéal ou d'humeur favorable pour accomplir quoi que ce soit. De même, les conditions nécessaires à la réalisation de vos objectifs ne sont pas toujours réunies. C'est pourquoi vous êtes le mieux placé pour déterminer l'humeur, le moment et les conditions qui vous conviennent. Tant que vous le voudrez, vous céderez à toutes les excuses.

« Celui qui est bon pour trouver des excuses est rarement bon pour autre chose. »
-Benjamin Franklin.

« Le problème avec les excuses, c'est qu'elles deviennent inévitablement difficiles à croire après avoir été utilisées plusieurs fois. »
-Scott Spencer

Consacrer plus de temps à des activités moins importantes

Toutes les tâches méritent votre attention, mais toutes ne requièrent pas la même attention. C'est donc la capacité à savoir combien de temps consacrer à chaque tâche qui déterminera votre niveau de productivité. C'est la formule utilisée par les personnes les plus performantes pour exceller. Lire et répondre aux courriels est une tâche importante, mais elle ne nécessite peut-être pas autant de temps que l'élaboration d'un travail de séminaire. Pour le personnel du service clientèle, la lecture et la réponse aux courriels peuvent être plus importantes que la rédaction du rapport quotidien pendant les heures de travail critiques. En d'autres termes, pour chaque personne, certaines tâches sont plus importantes que d'autres. La capacité à consacrer le temps nécessaire aux tâches appropriées déterminera l'ampleur de votre productivité.

Vous n'avez plus confiance en vous

Lorsque les gens prennent l'habitude de ne pas tenir les promesses qu'ils se font à eux-mêmes, la confiance devient impossible. Lorsque l'on manque de confiance en ses capacités, la productivité commence à diminuer. Il devient impossible de trouver la motivation pour faire quoi que ce soit, car on pense que les tâches ne sont pas susceptibles de porter leurs fruits, et on abandonne.

Abandonner facilement

Abandonner à la moindre difficulté peut devenir une bonne excuse pour procrastiner. Lorsque l'on est confronté à des situations qui paraissent insurmontables, la tendance à l'abandon devient plus forte. Souvent, l'idée de revenir en arrière devient un véritable combat. Lorsque trop de temps s'est écoulé, un sentiment d'accablement commence à s'installer, conduisant à une plus grande procrastination.

Étape 2 : Découvrir les raisons de la procrastination et y remédier

Tout le monde a ce qu'il faut pour exceller dans la mise en œuvre des tâches, mais la plupart des gens manquent de discipline et de connaissances pour faire avancer les choses. L'ironie est que la plupart des gens n'admettent pas que l'un de leurs principaux problèmes est la procrastination. Certains de ceux qui le savent ne peuvent pas expliquer la raison pour laquelle ils procrastinent ou n'ont pas la discipline nécessaire pour surmonter ce problème.

Se déconsidérer n'est pas la bonne solution ; il faut y travailler. Cependant, vous devez d'abord identifier la cause réelle de votre procrastination. Voici quelques facteurs responsables de la procrastination.

Le manque d'intérêt

Lorsqu'une personne n'est pas passionnée par ce qu'elle fait, la tendance à la procrastination augmente. Les retards ou l'évitement complet deviennent l'ordre du jour lorsque vous vous sentez mal dans ce que vous faites. La seule façon de sortir d'une telle impasse est de trouver ce qui vous anime.

Pour les managers, l'attribution d'une tâche à quelqu'un doit répondre à des critères spécifiques pour garantir sa réussite. Examiner le point de vue d'une personne sur une tâche peut contribuer grandement à déterminer si elle est la bonne personne pour l'accomplir. Voici ce qu'il faut faire :

Choisir la personne la plus apte à réaliser le travail

Il est essentiel de déléguer la responsabilité à une personne qui est plus à même de la mener à bien. Certaines personnes ont un niveau de tolérance élevé pour des tâches particulières et leur confier ces tâches se traduira par des gains plus importants.

Diviser le travail en plusieurs tâches

Si le niveau de tolérance est faible, il peut être utile de diviser le travail en plusieurs éléments. Essayez de vous concentrer sur de plus petites parties à la fois.

Horaire

Il est judicieux de fixer un moment précis pour commencer la tâche. Une fois les tâches commencées, concentrez-vous sur leur achèvement avant d'en reprendre une autre. Vous augmenterez ainsi votre productivité et éviterez d'avoir trop de tâches inachevées.

Le manque de motivation

La meilleure façon d'aborder la question de la motivation est de se mettre au travail. Attendre la bonne motivation peut prendre du temps et retarder le travail plus que nécessaire. Une fois qu'un projet est lancé et que vous commencez à constater un certain niveau de réussite, le niveau de motivation a tendance à augmenter. Nous reviendrons sur la motivation au chapitre 8.

La gestion des problèmes personnels

Les défis personnels peuvent entraver l'accomplissement des tâches. Lorsque les autres défis de la vie surviennent, la capacité à les gérer correctement déterminera si cela nuira ou non à votre travail. Par conséquent, la capacité à gérer ses émotions face aux défis déterminera la qualité du travail accompli.

Toutefois, dans les situations difficiles, il est préférable d'établir une priorité pour la gestion des tâches et de les diviser en petits morceaux que vous pouvez gérer. Si vous vous concentrez sur vos difficultés, votre productivité diminuera, mais si vous essayez de vous tourner vers l'avenir, vous aurez l'énergie nécessaire pour continuer à travailler.

Le manque de compétences

Les gens laissent filer leurs objectifs en raison de leur niveau de tolérance, de leur concentration, de leur niveau d'énergie ou d'un manque de compétences. C'est pourquoi vous devez développer des compétences dans les domaines qui vous aideront à atteindre vos objectifs. Le mentorat permet également d'apprendre de ceux qui ont excellé dans le même domaine que le vôtre. La lecture est un autre moyen de vous développer ou d'apprendre des autres dans votre domaine. Le fait est que si vous devez surmonter le problème de la procrastination, toutes les activités qui la déclenchent doivent disparaître, et l'un des moyens de lutter contre la procrastination est le développement personnel.

Si la procrastination vous prive de votre temps, que ferez-vous pour y mettre fin ? Le développement personnel peut servir de rempart contre la procrastination.

La peur

La peur s'oppose à la foi et au courage. Les gens laissent parfois des tâches essentielles en suspens par peur de leur volume. Malheureusement, le fait de retarder le travail ne fera que compliquer les choses puisque vous manquerez ainsi de temps.

Il y a trop de peurs dans la vie des gens. Il y a la peur de l'échec, de l'inconnu, des réactions négatives et du rejet. Pour beaucoup, la peur d'être évalué ou de recevoir un retour d'information négatif les privent de l'envie de commencer. Le retour d'information fait partie intégrante de la mesure de votre productivité et ne doit pas être une source de peur. Considérez le retour d'information comme un outil permettant d'améliorer votre productivité.

Quelle que soit la forme de la peur, elle empêche de nombreuses personnes de prendre des mesures audacieuses pour lancer de nouveaux projets et passer à l'étape suivante dans leur vie personnelle et professionnelle.

Sentiment d'anxiété ou d'accablement

L'anxiété est l'une des principales causes de la procrastination. Lorsqu'une personne est préoccupée, elle a tendance à remettre les choses à plus tard, et lorsque la tâche prend du retard, l'anxiété liée à l'inachèvement de la tâche s'accroît, alors que la cause de la tension demeure.

Au fur et à mesure que les événements s'enveniment et que les tâches s'accumulent, vous avez tendance à vous sentir dépassé. Si vous ne prenez pas rapidement des mesures pour résoudre les problèmes, demander de l'aide ou pour terminer vos tâches, la dépression peut s'installer. L'anxiété peut créer un effet ou un état d'esprit paralysant. Cependant, avec un effort concerté, vous pouvez remettre les choses sur les rails.

Perception d'un manque de contrôle

Lorsque les gens ont l'impression de ne pas contrôler les circonstances de leur vie, la tendance à la procrastination augmente. Ces personnes considèrent que des influences externes, telles que l'environnement ou d'autres personnes, contrôlent leur situation. Le sentiment d'impuissance peut entraîner une dépression ou un sentiment de dévalorisation et pousser la victime à retarder ses tâches.

Le sentiment de ne pas être apprécié par un patron ou un parent critique peut faire naître un sentiment d'impuissance. Ce sentiment peut ralentir la progression du travail ou se traduire par un travail de mauvaise qualité.

Étape 3 : Lutter contre la procrastination : Stratégies d'aide

Vaincre la procrastination en tant qu'habitude demande un effort conscient et délibéré. Les recherches montrent qu'il faut environ 66 jours pour développer une nouvelle habitude ou pour abandonner une habitude existante. Par conséquent, pour atteindre cet objectif, vous devez être capable de désapprendre et de réapprendre. Désapprendre l'ancienne façon de faire les choses et réapprendre la nouvelle façon de les faire. Changer les habitudes ne se fait pas du jour au lendemain, mais nécessite un processus impliquant de la persévérance et de la patience.

Vous pouvez vaincre la procrastination en utilisant les stratégies suivantes au fil du temps.

Apprenez à pardonner la procrastination passée

Ne soyez pas trop sévère avec vous-même ; laissez tomber la procrastination passée. L'incapacité à accomplir une tâche spécifique dans le passé ou la non-réalisation d'un objectif peut constituer une grave entrave à l'esprit. Le plus souvent, les gens ont tendance à laisser les échecs du passé leur barrer la route lorsqu'ils essaient d'aller de l'avant. Or, s'accrocher au passé ne fait qu'augmenter les risques de récidive. Si vous devez exceller, vous devez trouver un moyen de laisser tomber les échecs passés.

La première chose à faire est de réaliser qu'il s'agit simplement d'une faiblesse. Tant qu'il s'agit d'une habitude, vous pouvez la désapprendre de la même manière que vous avez pris l'habitude de procrastiner.

Définissez vos objectifs

Fixez-vous des objectifs clairement définis et des objectifs SMART conformes à vos objectifs personnels et professionnels. Fixer des objectifs irréalistes peut entraîner une frustration supplémentaire, ce qui rendra votre lutte contre la procrastination difficile. Pour que vos objectifs soient réalisables, n'oubliez pas de les mettre par écrit et de fixer des délais pour les atteindre. Ce livre contient plusieurs outils qui vous aideront à fixer des objectifs réalistes et à les réaliser, alors continuez à lire pour en savoir plus.

Engagez-vous dans vos tâches

Comme indiqué précédemment dans ce livre, il est tout aussi nécessaire de passer à l'action que de se fixer des objectifs. Si vous vous fixez des objectifs et que vous ne consacrez pas le temps et les ressources nécessaires à leur réalisation, ils ne serviront à rien. Vous devez faire un effort concerté pour développer vos compétences, trouver ce dont vous avez besoin, élaborer un plan d'action et poursuivre vigoureusement vos objectifs.

Concentrez-vous sur la fin

Avoir l'esprit d'accomplissement peut vous aider à vous motiver pour atteindre vos objectifs. Vous pouvez vous concentrer sur le résultat en visualisant ce que vous voulez atteindre grâce à cet objectif. Mais pour réussir, vous devez déjà avoir élaboré un plan d'action pour atteindre cet objectif. Ainsi, le fait de se concentrer sur la fin vous aide à visualiser la réalisation de l'objectif.

En outre, le fait de se concentrer sur une tâche n'éliminera pas les difficultés inhérentes à tout travail, mais le fait de disposer d'un plan d'action et d'un objectif bien rédigé vous aidera à rester motivé et à ajuster votre stratégie en fonction des besoins. Pour vous aider à mieux vous concentrer, vous devez vous débarrasser de toutes les distractions pour réussir.

Célébrez les petites réussites

Promettez-vous une récompense pour chaque étape franchie et accordez-vous-la. Après tout, vous le méritez ! Il peut s'agir d'une récompense dans votre restaurant préféré à l'heure du déjeuner. L'engouement stimulera votre esprit lorsque les petits succès seront visibles. Si vous ne vous félicitez pas vous-même, qui le fera ?

Rendez des comptes à quelqu'un

Il peut être utile de demander à quelqu'un de vous contrôler et de vérifier vos activités. Le fait de savoir que vous avez des comptes à rendre à quelqu'un d'autre vous donnera le moral pour accomplir vos tâches. Lorsqu'il n'est pas possible d'avoir un compagnon personnel, des applications telles que *remote bliss* peuvent s'avérer précieuses.

La pression des pairs constitue un système de soutien efficace. Une fois que vos amis et votre famille sont au courant de vos objectifs, ils ne manqueront pas de vous poser des questions sur les progrès réalisés.

Agissez sans attendre

Dès que vous recevez de nouveaux projets, accordez-leur une priorité en ne les laissant pas traîner trop longtemps sans leur attribuer de tâches. Je veux dire par là qu'il faut les intégrer dans votre liste de choses à faire, avec un échéancier et un plan d'action. En procédant ainsi pour chaque nouvelle tâche, vous vous sentirez plus confiant et plus maître de votre journée, car rien ne vous échappera. Pour éviter la procrastination, ne laissez jamais une tâche sans surveillance.

Identifiez vos moments les plus productifs et les moins productifs, et planifiez les tâches les plus prioritaires et les moins prioritaires en fonction de ces moments. Le fait de savoir quand vous êtes le plus productif vous aidera à vous concentrer sur les tâches les plus importantes de votre liste de choses à faire. La réalisation d'objectifs essentiels rend le travail sur les autres moins difficile ou moins frustrant.

Reformulez vos processus de pensée internes

Ce que vous vous dites, avec le temps, devient ce que vous croyez. Les phrases que vous utilisez guideront ou mettront des bâtons dans les roues du progrès. Des expressions telles que « il faut » ou « j'ai besoin de » suggèrent que l'on n'a pas le choix. De tels commentaires peuvent à eux seuls démotiver. En revanche, des expressions comme « je dois » et « je choisis » indiquent que vous prenez le dessus.

Éliminez les distractions

Les distractions sont le plus grand ennemi de la réalisation de vos objectifs, et elles peuvent se présenter sous différentes formes : télévision, courriels, réseaux sociaux, appels téléphoniques, ainsi que la famille et les amis. Les distractions peuvent accaparer votre temps le plus productif, vous laissant avec des rêves inaccomplis.

Un bon plan pour minimiser ou éliminer les distractions vous laissera plus de temps pour vous concentrer sur la tâche à accomplir. Même si le besoin s'en fait sentir, vous pouvez mettre votre téléphone en sourdine et ne pas utiliser les appareils électroniques qui peuvent vous distraire dans votre travail.

Concentrez-vous d'abord sur les tâches moins agréables

Traitez d'abord les tâches susceptibles de vous faire perdre de l'énergie, tant que votre niveau d'énergie est encore élevé. Si vous remettez à plus tard les tâches qui épuisent votre énergie, vous risquez de ne pas les accomplir. D'autres tâches moins épuisantes ne seront pas aussi difficiles à réaliser.

Changez votre environnement

Il peut s'avérer nécessaire d'avoir un environnement différent de celui auquel vous êtes habitué. L'environnement a un impact sur votre productivité. Il peut être une source d'inspiration ou une raison de procrastiner.

Certaines conditions rendent l'environnement de travail désagréable ou productif. On dénombre notamment :

- l'hostilité
- des postes de travail mal agencés
- des préjugés
- un manque d'outils de travail et de fournitures
- du matériel défectueux
- des environnements étouffants, humides, chauds ou froids

La procrastination peut devenir une seconde nature ou une habitude. Il faut un effort concerté, une volonté forte, du dévouement et un plan d'action pour y remédier. Vous surmonterez votre problème de procrastination avec le temps, et non du jour au lendemain.

L'action est la clé. Une fois que vous aurez compris pourquoi vous procrastinez et quels sont vos points faibles, vous serez en mesure d'y remédier. Le moment est venu, allez-vous retarder (procrastiner) la mise en œuvre de ces plans ?

Résumé du chapitre

- Tout d'abord, acceptez le fait que vous procrastinez et prenez des mesures concrètes pour y remédier.
- Comprenez ce que font les gens qui ont fait de la procrastination un mode de vie.
- À partir de cette liste, identifiez la raison pour laquelle vous procrastinez et mettez-vous immédiatement au travail.
- Réalisez que la procrastination est un défaut que beaucoup de gens ont et pardonnez-vous.
- Choisissez les meilleures stratégies de lutte contre la procrastination qui vous conviennent le mieux. Assurez-vous qu'elles fonctionneront pour vous.
- En adoptant un état d'esprit motivant, concentrez-vous sur la fin de la tâche plutôt que sur le début.
- Ne travaillez pas seul. Responsabilisez-vous auprès de quelqu'un pour faire des vérifications et des bilans.
- Agissez au fur et à mesure. Engagez-vous à accomplir la tâche et évitez une accumulation qui vous ferait retomber dans la procrastination. Lancez-vous dans votre plan d'action.
- Dans la mesure du possible, éloignez de vous les facteurs de distraction. Développez la volonté de ne pas vous y adonner.
- Célébrez chaque étape réussie par une récompense. Une petite tape personnelle dans le dos peut être très motivante.
- Si nécessaire, changez d'environnement. Ils ont le don de vous mettre dans de bonnes dispositions pour un rendement maximal.

♦ Ce que vous percevez est ce que vous croyez. Faites attention aux mots que vous vous dites. Modifiez votre dialogue interne pour qu'il corresponde à votre nouvelle résolution.

Dans le chapitre suivant, vous découvrirez l'intérêt d'optimiser votre temps et des astuces de gestion du temps.

CHAPITRE CINQ

Des astuces pour maximiser votre gestion du temps

Le temps est une ressource limitée, mais universelle, et chacun dispose d'une part égale de 24 heures par jour pour accomplir beaucoup de choses. Cependant, tout le monde ne fait pas le meilleur usage de son temps. Si ce n'est pas le cas, comment expliquer que certaines personnes réussissent mieux que d'autres dans le même laps de temps de 24 heures ? Cela signifie-t-il que les personnes qui réussissent bien passent plus de temps à travailler que celles qui réussissent moins bien ? La réponse est non ! Le simple fait est que certaines personnes ont appris l'art de gérer leur temps plus efficacement. D'autres, en revanche, ont plus de mal à gérer les pertes de temps dans leur emploi du temps. Par conséquent, comment gérer son temps pour augmenter sa productivité ?

> **« Le temps n'est pas la chose principale, c'est la seule chose. »**
> **- Miles Davis**

Des conseils explosifs en matière de gestion du temps pour une productivité accrue

Voici des astuces de gestion du temps pour vous aider à gagner en efficacité. Bien qu'ayant fait leurs preuves, ce sont des astuces simples à mettre en œuvre.

Temps consacré à l'évaluation

Lorsque vous réalisez une évaluation de votre temps, vous serez surpris de découvrir où va l'essentiel de ce dernier. Combien de temps consacrez-vous à des activités professionnelles et non professionnelles ? Combien de temps consacrez-vous aux tâches qui amélioreront vos résultats et vous rapprocheront de vos objectifs ? Combien de temps consacrez-vous à vérifier et à répondre aux courriels ou encore aux réseaux sociaux. Vous avez peut-être l'intention de ne consacrer que 30 minutes aux courriels et aux réseaux sociaux chaque matin, mais vous finissez par y passer plus d'une heure.

Commencez par suivre vos activités pendant une semaine entière afin de repérer les domaines où vous perdez du temps. L'un des moyens les plus simples de suivre vos activités consiste à utiliser des applications de suivi du temps comme Toggl, RescueTime ou Calendar. À la fin de la semaine, le rapport de l'application vous donnera une meilleure idée de la façon dont votre temps s'écoule. Vous serez alors mieux à même de procéder aux ajustements nécessaires.

Chronométrez chaque tâche et fixez des limites

Garder les délais ouverts est une recette pour ne rien faire à temps ou ne rien faire du tout. La fixation d'un délai ou de restrictions pour chaque tâche vous empêche de procrastiner ou de la remettre à plus tard. La création de zones tampons autour de vos tâches facilite la gestion d'un travail particulier. S'il s'agit d'une tâche qui nécessite plusieurs jours ou semaines, il peut être utile de la diviser en tâches quotidiennes plus petites et plus faciles à gérer. Chaque étape franchie vous rapproche de votre objectif global.

J'utilise des périodes tampons pour m'aider à accomplir une tâche. Lorsque j'ai une conférence à donner, j'aime planifier des semaines à l'avance. Par conséquent, je crée généralement un calendrier avec des périodes tampons pour m'aider à terminer le document du séminaire dans les temps. Si, pour une raison quelconque, le document prend plus de temps que prévu, il faut attendre un autre créneau horaire. C'est la seule façon d'éviter de perdre du temps pour d'autres activités.

Veillez toutefois à ce que les délais ne soient pas factices, mais que vous puissiez les respecter dans la réalité. Vous pouvez demander à quelqu'un de vous tenir responsable en lui faisant part de vos objectifs et du délai qui vous est imparti pour les atteindre. Votre partenaire de responsabilisation peut vous aider à rester sur la bonne voie pour réussir.

**« Il faut autant d'énergie pour souhaiter que
pour planifier. »
- Eleanor Roosevelt**

Planifiez à l'avance

« Réfléchissez à deux fois avant d'agir » est un proverbe populaire qui met l'accent sur le fait de réussir à faire les choses du premier coup. C'est dire l'importance de la planification pour la réalisation de vos objectifs.

Le fait d'avoir un plan d'action vous évitera le stress d'errer ou de vous concentrer sur les tâches les moins importantes. Certaines tâches sont plus vitales que d'autres pour votre réussite. Sans une planification adéquate, vous risquez de ne pas obtenir grand-chose.

Les meilleurs moments pour créer un plan ou une liste de choses à faire

Commencez la veille

La fin de chaque journée de travail peut être le moment idéal pour planifier les activités du lendemain. Il suffit de 15 à 30 minutes pour dresser une liste des tâches les plus importantes à accomplir le lendemain.

L'avantage de planifier la veille au soir est que cela vous permet d'éliminer les distractions potentielles. En planifiant vos activités avant le lendemain, vous mettez votre esprit en éveil et vous vous préparez aux activités du lendemain. Cela peut également contribuer à vous motiver et à vous donner envie de travailler. Cela vous permet également de mieux vous concentrer et de canaliser votre énergie sur les tâches les plus productives de la journée.

Commencez dès le matin

Si certaines personnes préfèrent planifier leur journée la veille, d'autres le font dès le matin. Vous pouvez dresser une liste de trois ou cinq de vos activités les plus urgentes et les plus importantes pour la journée. Fixez ensuite le moment où vous serez le plus productif pour les réaliser.

Cependant, il faut toujours revoir ou revérifier ses plans pour éviter les erreurs ou les fautes. Toute confusion dans votre emploi du temps ou vos activités peut entraîner une perte de temps supplémentaire en essayant de remédier à la situation.

Dites non au multitâche

Le multitâche ou sauter d'une tâche à une autre est un tueur de productivité. La croyance erronée selon laquelle le fait de jongler avec plusieurs tâches en même temps permet d'en faire plus n'est pas vraie. Les recherches confirment que le fait de mener plusieurs tâches de front peut avoir des effets négatifs sur le cerveau humain. Le multitâche peut également entraîner une baisse de la qualité du travail. En outre, vous finissez par passer plus de temps à travailler en faisant du multitâche, car votre esprit a besoin d'une énergie considérable pour basculer d'une tâche à une autre.

C'est pourquoi la solution est d'être monotâche. Prenez l'habitude de terminer les tâches entreprises avant de passer aux suivantes. Vous pouvez fixer des échéances, des jalons et des minuteries pour vous mettre sur la bonne voie, une tâche à la fois. Développez intentionnellement votre état d'esprit pour vous concentrer sur une seule tâche.

Protégez votre temps d'action

À quel moment de la journée êtes-vous le plus productif ? Le meilleur moment pour planifier une tâche exigeante est celui où vous êtes le plus alerte mentalement. Vous pouvez programmer ce moment dans votre calendrier ou dans votre liste de tâches.

Protéger votre temps d'action revient à comprendre vos habitudes. Nous avons tous des habitudes, mais l'idée est de prendre des habitudes saines qui contribuent à augmenter la productivité personnelle. Chaque personne a un moment de la journée où elle est la plus productive. Le meilleur moment pour accomplir certaines tâches devrait être celui où vous avez une poussée d'énergie. Par exemple, si vous pensez mieux le matin, après avoir fait de l'exercice, après le déjeuner ou tard le soir, créez un emploi du temps en fonction de ce moment. Cela dépend toutefois du type d'objectif que vous souhaitez atteindre, qu'il soit personnel ou professionnel.

La science propose que quatre heures de travail par jour suffisent. Cela semble absurde ? Eh bien, cela ne signifie pas nécessairement que vous ne pouvez exécuter des tâches que pendant quatre heures et jouer pendant les vingt suivantes. Il s'agit plutôt de se concentrer sur les tâches les plus importantes en utilisant les quatre heures les plus productives de la journée. Le reste des heures peut être consacré à des tâches moins exigeantes.

Faites en sorte que les réunions se déroulent conformément aux objectifs fixés

Les réunions d'équipe font partie intégrante de la planification stratégique, de la réévaluation et de l'évaluation continue du travail. Toutefois, pour que ces réunions soient fructueuses et productives, elles doivent être rationalisées et suivre des procédures établies. Si vous laissez une réunion se dérouler sans liste de tâches ou sans ordre du jour, elle risque de se terminer sans qu'aucune décision concrète n'ait été prise. Vous devez fournir des instructions claires pour toute réunion et fixer des délais et des objectifs pour chaque point de la liste.

Chaque réunion doit commencer et se terminer à l'heure. Par ailleurs, certaines organisations ont l'habitude de convoquer des réunions trop souvent. Il est possible de résoudre certains problèmes sans réunir tout le monde. Grâce à la technologie, certains outils permettent de diffuser plus facilement des informations et d'obtenir un retour d'information sans convoquer de réunions fréquentes. Des outils tels que Trello, Zoom, Slack et Asana permettent aux équipes de discuter et de partager des idées sans empiéter sur le temps de travail. Une autre stratégie pourrait consister à programmer des réunions et des rapports hebdomadaires ou mensuels réguliers, au lieu de réunions impromptues.

Créez un délai de traitement des courriels

Les courriers électroniques peuvent être une source majeure de distraction et vous devez faire preuve de discernement dans le traitement de vos messages. Même si des messages importants peuvent vous parvenir, vous ne voulez pas que les courriels dirigent le déroulement de votre travail quotidien. Le problème avec le fait de répondre aux courriels au fur et à mesure qu'ils arrivent, c'est que vous devenez plus réactif que maître de votre journée. La solution consiste à prévoir un temps pour lire et répondre aux courriels.

Pour me concentrer sur les tâches les plus productives, j'ai l'habitude de fixer des heures précises pour répondre aux courriels. En général, deux ou trois fois par jour sont idéales pour traiter les courriels, mais jamais au moment où vous êtes productif.

L'une des stratégies que j'utilise consiste à sélectionner les messages électroniques à ouvrir, à lire et ceux auxquels je dois répondre à des moments précis. Lorsque je réponds, je m'assure que les réponses ne dépassent pas cinq phrases pour gagner du temps.

Désactivez les notifications

Les notifications sont très utiles pour vous tenir au courant des courriels et des messages des réseaux sociaux. Cependant, elles peuvent également constituer une source majeure de distraction et vous faire perdre de vue des tâches importantes. Les notifications importantes peuvent provenir de votre messagerie électronique ou de vos flux de réseaux sociaux, mais pour les gérer correctement, n'activez que les notifications qui vous aideront à progresser dans vos tâches et vos objectifs. Même dans ce cas, il n'est peut-être pas nécessaire d'activer les notifications sur votre PC et sur tous vos appareils électroniques. De tels actes ne font qu'augmenter les risques de distraction.

Vous pouvez également désactiver les notifications lorsque vous travaillez sur vos tâches les plus exigeantes. Une fois les tâches terminées, les notifications peuvent être réactivées.

Surveillez votre utilisation des réseaux sociaux

Facebook, Twitter, Instagram, SnapChat, et bien d'autres encore, sont des plateformes intéressantes qui répondent à des besoins différents. Toutefois, le fait de rester trop longtemps sur les réseaux sociaux peut être source de distraction. C'est pourquoi vous devez délibérément limiter le temps que vous y passez. Cependant, certaines entreprises les utilisent comme un outil de travail. Si vous êtes responsable des réseaux sociaux, que vous diffusez des annonces, que vous avez une boutique de commerce en ligne ou que vous vous occupez de l'assistance à la clientèle, élaborez un plan concret pour leur utilisation.

Quels que soient vos besoins en matière de réseaux sociaux, prévoyez un plan de travail qui les intègre et crée des échéances. Organisez leur utilisation de manière à ce que vous puissiez vous consacrer à des activités plus productives. S'il s'agit plutôt d'un outil social, gardez alors cette même dimension.

Accordez-vous des périodes tampons ! Soyez indulgent avec vous-même

Accordez-vous un peu de répit en prévoyant des périodes tampons dans votre emploi du temps. Vous êtes un être humain et votre cerveau a besoin de temps pour se calmer. Par défaut, le cerveau humain n'est pas une machine opérationnelle vingt heures sur vingt. Certaines fonctions mentales et physiques du cerveau ont besoin de repos pour rester performantes. Ainsi, la recherche montre que le cerveau fonctionne de manière critique en moyenne 90 minutes d'affilée avant un déclin. Passé ce délai, le cerveau a besoin d'une forme de distraction pour rester motivé et concentré.

Rester assis à son bureau toute la journée n'est pas un signe d'assiduité ou de travail acharné. Heureusement, d'autres tâches ou activités non critiques peuvent surgir au cours de la journée, et c'est peut-être le meilleur moment pour s'en occuper. Toutefois, sur le plan mental, passer d'une tâche ou d'une réunion exigeante à une autre n'est pas une idée brillante ni un mode de vie productif. Aidez plutôt votre corps à faire le plein d'énergie en méditant, en vous promenant ou simplement en rêvassant. Cela vous aidera à vous vider l'esprit.

En dehors du travail, le fait de disposer d'une période tampon peut vous donner amplement le temps d'arriver plus tôt à la réunion suivante. Votre emploi du temps doit comporter de telles périodes tampons dans la mesure où elles vous permettent de passer d'une activité à l'autre. Il doit également vous permettre de vous détendre et de vous ressourcer. Planifiez vos activités de la manière suivante : un gros morceau d'une tâche, avec des pauses de quelques minutes. L'idéal est de disposer de 25 à 30 minutes de période tampon.

Soyez juste envers vous-même

Vous êtes l'aspect le plus vital de votre programme de travail ou de votre tâche. Sans vous, aucune tâche ne serait accomplie ; prenez donc bien soin de vous. Si vous tombez malade, si vous vous épuisez ou si vous perdez la vie, quelqu'un d'autre prendra votre place. Certes, votre héritage perdurera, mais votre famille et vos amis devront faire face à la douleur de votre départ soudain. Même si vous ne perdez pas la vie, le fait de développer des complications de santé ne fera que ralentir votre productivité et vous empêchera de poursuivre vos idées et vos objectifs les plus nobles.

Prenez le temps de vous détendre, de vous amuser, de faire de l'exercice régulièrement, de manger sainement et de passer du temps avec votre famille et vos amis. Parfois, cela vaut la peine de faire ce qui vous plaît. Soyez égoïste ! Prenez des vacances. En fin de compte, utilisez la motivation et l'expérience pour réaliser vos brillantes idées.

Je dispose d'un bureau spacieux équipé d'un bureau, d'une petite salle de conférence et d'un salon. Lorsque j'effectue des tâches exigeantes, il m'arrive de me détendre pendant quelques minutes en m'installant dans le salon. Je peux m'allonger sur le canapé, me distraire en regardant un programme à la télévision, écouter de la musique ou regarder une série. J'y fais tout ce qui n'est pas du travail. Et quand je suis de retour à mon bureau, je suis gonflé à bloc, prêt à m'y remettre !

Utilisez la règle des 80/20 ou le principe de Pareto

La loi des 80/20 stipule que 80 % de vos résultats ou de vos réussites proviennent de 20 % des efforts déployés. Cela signifie-t-il que vous ne devez consacrer que 20 % de votre temps au travail ? Ou que vous ne devriez venir travailler qu'un jour par semaine ? Après tout, c'est 20 %. Non !

Le principe de Pareto signifie que vous devriez accorder plus d'attention aux éléments essentiels qui vous aident à réussir. Si vous passez plus de temps sur les choses qui vous donnent plus de résultats, vous pourriez voir votre productivité augmenter. Alors, qu'en est-il des choses moins critiques ou moins importantes ? Laissez-les tomber !

Vous pouvez également appliquer le principe de Pareto à n'importe quel aspect de votre vie. Les spécialistes du marketing appliquent également la règle des 80/20. En marketing, 80 % des bénéfices proviennent de 20 % des clients. Dans le domaine des ressources humaines et des relations avec les employés, 80 % des tâches les plus productives sont accomplies par 20 % des employés. En matière de développement personnel et de gestion du temps, 80 % de vos succès proviennent de 20 % de vos efforts ou de vos actions.

C'est pourquoi, en appliquant le principe des 80/20, vous pouvez augmenter votre productivité dans les domaines qui affectent vos résultats. Ce principe vous aidera à savoir comment répartir les tâches entre les employés et comment les aider à s'améliorer. Il peut également vous aider à comprendre quels sont les domaines auxquels vous devez consacrer plus de temps et quels sont ceux que vous devez améliorer. En matière de marketing, le principe de Pareto peut vous aider à rationaliser votre clientèle pour vous concentrer sur les clients les plus performants. Vous pouvez ensuite élaborer une stratégie sur la façon de convertir les prospects ou les clients non performants.

10 mauvaises habitudes qui détruisent votre productivité

- ♦ Passer trop de temps sur une seule tâche, même si elle pourrait prendre moins de temps.
- ♦ Dormir le matin au lieu de planifier votre journée.
- ♦ Naviguer sur le web sans plan précis.
- ♦ Ne pas planifier sa journée ou ne pas établir de priorités.
- ♦ Travailler pendant de longues heures, le regard rivé sur l'écran de son ordinateur, sans prendre de pause non liée au travail.
- ♦ Le maintien de mauvaises habitudes alimentaires, comme le fait de sauter des repas ou d'adopter un mauvais régime alimentaire.
- ♦ Attendre pendant des années le moment idéal pour commencer à poursuivre ses objectifs.
- ♦ Se trouver des excuses pour ne pas poursuivre ou réaliser ses rêves.
- ♦ Ne travailler que sur les tâches urgentes et laisser les tâches importantes ou non urgentes en suspens.
- ♦ Laisser les tâches jusqu'à la dernière minute avant de les exécuter.

Résumé du chapitre

Dans le chapitre cinq, nous avons examiné les concepts suivants :

- Le temps est limité, mais chacun dispose d'un nombre égal de 24 heures par jour.
- Les personnes qui réussissent partagent le même nombre d'heures que celles qui réussissent moins bien, mais les différences résident dans la manière dont elles gèrent leur temps.
- Les personnes qui réussissent créent un emploi du temps pour gérer efficacement leur temps.
- Décomposez toujours les tâches en éléments plus petits et réalisables.
- Établissez vos plans à l'avance, soit le soir avant la fin du travail, soit le matin avant le début du travail.
- Le multitâche n'est pas un signe d'efficacité, mais contribue au contraire à la production d'un travail de moindre qualité.
- Évitez de consacrer du temps productif aux réseaux sociaux ou aux courriels, car cela peut vous empêcher d'atteindre vos objectifs.
- Accordez-vous des pauses non liées au travail.
- Il est important de prévoir de courtes pauses de 25 minutes entre chaque tâche importante.
- Mettez en pratique le principe de Pareto, ou règle des 80/20, qui prévoit que 80 % de votre succès viendra de 20 % de l'effort que vous y consacrerez.
- Dormir trop longtemps le matin, passer trop de temps sur une seule tâche, et bien d'autres choses encore, sont quelques-unes des habitudes négatives qui affectent votre niveau de productivité.

Dans le chapitre suivant, vous découvrirez les trois piliers de la productivité dont vous avez besoin pour devenir un acteur très performant.

CHAPITRE SIX

Les 3 piliers de la productivité dont vous avez besoin pour libérer votre plein potentiel

Vous avez tout ce qu'il faut pour être plus productif et connaître un succès illimité. Cependant, il vous faudra un désir profond, une décision, une action et quelques astuces de productivité pour réussir. Le TEA est un cadre de productivité qui peut vous aider à vous rapprocher de vos objectifs. Il vous aidera à gérer plus efficacement votre temps, votre énergie et votre attention afin de surmonter les obstacles qui se dressent sur le chemin de la réalisation de vos rêves.

Une enquête publiée dans le *New York Times* a montré que 81 % des Américains ont l'intention d'écrire un livre. L'étude a révélé que si ces personnes avaient poursuivi leur rêve, au moins 200 millions de livres auraient été écrits. Cependant, seules 80 000 personnes se décident à écrire et à publier leur ouvrage chaque année. La plupart des gens ne font donc que parler de leur rêve d'écrire un livre.

Qu'est-ce qui, au fond, empêche la plupart des gens d'atteindre leur plein potentiel dans la vie ? La façon la plus simple de répondre à cette question est d'utiliser le cadre de productivité

TEA. L'autre réponse est que ceux qui excellent dans leur métier font de la réalisation de leurs objectifs une question d'habitude, plutôt qu'un élément de leur liste de souhaits. Ils s'engagent à atteindre leurs objectifs, établissent un plan d'action et refusent toute excuse qui les empêcherait de les réaliser. Les personnes qui réussissent sont d'irréductibles travailleurs et non des procrastinateurs. Vous deviendrez plus productif lorsque vous apprendrez à gérer au mieux votre temps, votre attention et votre énergie. Alors, qu'est-ce que le cadre de productivté TEA ?

TEA : Le cadre des trois obstacles à l'augmentation de la productivité

Les obstacles et les défis sont réels. Ces trois catégories simples expliquent les obstacles auxquels les gens sont confrontés dans leur quête :

♦ le Temps
♦ l'Énergie
♦ l'Attention

Le cadre de productivité TEA est un outil puissant qui aide les individus à diagnostiquer eux-mêmes les obstacles qui les empêchent d'atteindre leur véritable potentiel. Une fois qu'ils sont en mesure d'identifier ces défis, ils peuvent mieux se concentrer sur leurs tâches les plus importantes. En général, ces tâches sont celles qui auront un impact massif sur leurs résultats.

Catégorie 1 : Énergie et Attention, mais pas de Temps

Le temps est un facteur essentiel de la réussite, et toute personne qui doit atteindre le succès doit savoir comment manipuler le temps en sa faveur. Cependant, les personnes appartenant à cette catégorie possèdent l'énergie, le désir et la passion qui les aideront à réussir. Ils pensent qu'ils n'ont pas assez de temps pour faire les choses correctement. Elles développent ainsi la mentalité de quelqu'un qui est bloqué ou pris au piège. Ce sentiment d'inadéquation amènera les personnes de cette catégorie à exécuter les tâches de manière désordonnée, à les retarder ou à abandonner purement et simplement leurs responsabilités. Lorsque vous développez ce type d'état d'esprit, voici le genre d'affirmations qui s'articule dans le discours :

- Il y a tant à faire et si peu de temps pour y parvenir.
- Cela aurait été bien si le temps s'étendait au-delà de 24 heures.
- Il semble que le temps s'écoule toujours plus vite.

La meilleure façon de décrire les personnes qui n'ont pas de temps, mais plutôt de l'énergie et de l'attention, c'est... débordées. Lorsque vous vous sentez débordé, si vous ne faites pas attention, tout commence à s'éparpiller comme un jeu de cartes. C'est à ce moment-là que la productivité commence à diminuer.

Parfois, ce n'est pas que vous manquez de temps pour accomplir vos tâches. Il peut s'agir d'un manque de planification ou de l'absence d'une liste de choses à faire. D'autres fois, c'est parce que la personne a remis la tâche à plus tard, jusqu'à ce que le temps soit écoulé. Par ailleurs, certaines personnes prennent plus de responsabilités qu'elles ne peuvent en assumer. Au lieu de déléguer une partie des fonctions, elles essaient de gérer la situation elles-mêmes jusqu'à ce que les choses se gâtent. Dans d'autres cas, les tâches peuvent, en réalité, être plus importantes que ce que la personne peut accomplir dans le temps imparti. Dans ce cas, la personne a besoin d'un calendrier plus réaliste et plus souple pour commencer et terminer la tâche.

D'autres scénarios incluent un employé qui se rend au travail très tôt le matin et n'en revient que tard le soir. Ou encore, un fournisseur qui effectue trop de trajets par jour pour livrer des marchandises à des clients éloignés. Une mère de famille issue de la classe ouvrière ayant un emploi de 9 à 17h, des enfants à élever et un diplôme à obtenir se sentira le plus souvent dépassée. Une chose est commune à toutes les personnes mentionnées ci-dessus. Elles ont toutes l'énergie nécessaire pour faire avancer les choses et se consacrer à leur métier, mais se sentent toujours débordées en raison du manque de temps.

3 composantes d'une gestion efficace du temps

Le temps n'existe pas dans le vide, mais il peut être quantifié. La qualité de chaque seconde que vous utilisez dépend du fait qu'elle vous rapproche ou non de vos objectifs. Par conséquent, le temps fonctionne mieux dans les situations suivantes :

1. Les systèmes

La vie est une combinaison de structures ou de systèmes dépendants et interdépendants. Chacun de ces systèmes influe sur les autres de manière unique. Votre capacité à comprendre et à manipuler ou utiliser ces systèmes pour atteindre vos objectifs déterminera votre niveau de réussite. Par exemple, la technologie peut, selon la manière dont vous l'utilisez, soit vous aider à progresser, soit vous distraire. Le gouvernement et ses organismes contribuent à créer un environnement favorable à la prospérité des entreprises et des individus. Toutefois, si vous vous retrouvez du mauvais côté de la loi, cela peut devenir votre pire cauchemar.

Une structure organisationnelle avec ses chaînes de commandement peut contribuer à la réussite des opérations de l'entreprise. Lorsqu'une organisation ou un individu met en place des systèmes autour de ses opérations commerciales, il augmente ses chances de réussite.

2. Les stratégies

Une stratégie est un outil utilisé par les personnes qui réussissent bien pour améliorer leurs performances. Il s'agit d'un plan d'attaque, d'une boussole ou d'une feuille de route qui vous permettra d'atteindre vos objectifs dans votre vie personnelle ou professionnelle. Pour gagner la bataille de la vie, vous avez besoin d'une stratégie. Votre stratégie détermine le type de résultat que vous obtiendrez dans une tâche ou une situation donnée.

Pour réussir quoi que ce soit, vous devez être prêt à changer d'approche si l'approche actuelle devient un obstacle à vos progression. Si la consultation de vos courriels ne fait que vous distraire de vos tâches essentielles, il peut être judicieux de limiter la consultation des courriels à un moment précis.

3. Les personnes

Les systèmes et les stratégies facilitent la réalisation efficace de vos objectifs, mais travailler avec des gens est une autre paire de manches. Pour exceller, vous devez intégrer des systèmes et des stratégies. La façon dont vous vous y prenez pour établir des relations avec les gens déterminera l'efficacité ou l'échec d'une stratégie.

Les systèmes s'articulent autour des personnes, car ce sont elles qui les mettent en œuvre. Pour réussir à travailler avec des gens, il faut une communication efficace, un travail d'équipe et la capacité de déléguer. Vous devez être en mesure d'externaliser, de fixer des attentes, de fournir un plan d'action et de laisser place à la créativité. Les gens travaillent plus efficacement lorsqu'ils se sentent impliqués dans un système, qu'ils s'approprient le processus et qu'ils peuvent s'y identifier.

Stratégies pour augmenter votre temps

Que peut donc faire une personne motivée, mais qui n'a pas le temps ? Il est peu probable que vous puissiez, à proprement dit, augmenter votre temps, mais ces stratégies simples peuvent vous aider à dégager suffisamment de temps pour accomplir vos tâches.

1. Planifiez des tâches quotidiennes sur votre calendrier

Créez un programme quotidien de toutes les tâches que vous devez accomplir, avec un temps spécifique pour chacune d'entre elles. Utilisez un calendrier tel que le tableau Kanban personnel, Google Calendar ou Outlook pour vous aider à planifier. Lors de la création de votre programme quotidien, n'oubliez pas d'y ajouter des périodes tampons. Répartissez également les responsabilités en tâches plus petites et plus faciles à gérer. N'encombrez pas votre programme, mais prévoyez tout de même du temps pour votre famille et vos amis.

Respectez vos projets et évitez de vous y prendre à la dernière minute.

2. Responsabilités

Le fait est que vous ne pouvez pas faire plus que ce que peut faire une seule personne. Comme vous n'êtes pas surhumain, vous devez de temps en temps compter sur les autres pour faire avancer les choses. Vous devez apprendre l'art de la délégation et de l'externalisation si nécessaire.

3. Libérez du temps dans votre emploi du temps

Certaines tâches figurant sur votre liste de choses à faire sont là depuis des lustres sans qu'aucune action n'ait jamais été entreprise. Elles occupent un espace précieux pouvant être utilisé pour traiter d'autres tâches importantes. Lorsque vous libérez du temps dans votre emploi du temps, vous disposez de plus d'espace pour accomplir les tâches essentielles, tout en permettant à d'autres personnes de s'occuper des tâches restantes. Vous êtes peut-être un excellent travailleur, intelligent et organisé. Cependant, si vous consacrez la majeure partie de votre temps aux tâches moins essentielles, vous êtes peut-être efficace, mais pas assez productif (performant).

4. Créez un système de planification du temps
La mise en place de systèmes opérationnels assortis d'échéances pour l'exécution de toutes les tâches vous aidera à consacrer du temps à des tâches essentielles. Vous voulez en faire plus, mais cela ne peut se faire sans confier des tâches à d'autres personnes. Vous devez apprendre à utiliser le temps dont vous disposez.

Une gestion efficace du temps ne se limite pas à remplir sa journée de travail. Elle implique de travailler de manière simple, systématique et opportune, mais aussi de savoir quand s'arrêter de travailler. Pour exceller dans votre travail, vous devez créer un système ou une routine qui fonctionne bien et apprendre à vous y tenir.

Catégorie 2 : Disposer de Temps et d'Attention, mais pas d'Énergie

Lorsqu'une personne manque d'énergie pour accomplir une tâche, elle commence à se sentir frustrée. Elle dispose du temps et de l'attention nécessaires pour accomplir la tâche, mais elle a besoin d'énergie. Un manque d'énergie peut entraîner de la démotivation ainsi que de la procrastination. Ces personnes finissent donc par ne pas mener à bien leurs tâches principales. Les personnes surmenées disent parfois qu'elles sont fatiguées, faibles, épuisées, ou qu'elles n'ont pas envie de faire quoi que ce soit. Elles disent encore qu'elles ne se sentent pas d'attaque.

Les scénarios de personnes disposant de temps et d'attention sans énergie sont les suivants :

♦ Un professeur qui a des idées de recherche révolution-naires, mais qui n'arrive pas à rassembler les pièces du puzzle pour les rendre publiques.
♦ Le meilleur vendeur en marketing (trois années consé-cutives) de votre département qui ne peut plus ré-pondre à vos attentes en matière de marketing.
♦ Tout employé à qui vous ne semblez pas faire confiance pour l'exécution de tâches plus importantes.

« La clé qui libère l'énergie est le désir. C'est aussi la clé d'une vie longue et intéressante. Si nous voulons créer un élan, une force réelle en nous-mêmes, nous devons être enthousiastes. »
-Earl Nightingale

Vous pouvez avoir tous les diplômes du monde, acheter tous les outils de travail, sans l'enthousiasme ou l'énergie, vous n'allez nulle part. Lorsqu'une personne s'essouffle ou s'épuise, même si elle dispose de suffisamment de temps et d'attention, elle peut se trouver dans l'impossibilité de continuer à travailler efficace-ment. Il faudra procéder à quelques ajustements pour augmen-ter la productivité lorsque les niveaux d'énergie chutent.

Des stratégies simples pour faire le plein d'énergie après une baisse de régime

Le conférencier Tony Swartz affirme que nous disposons tous du même nombre d'heures par jour, mais que le niveau d'éner-gie dépend de nous.

Les idées suivantes vous aideront à augmenter votre niveau d'énergie :

♦ Accordez-vous suffisamment de sommeil au lieu de res-ter debout tard le soir à regarder un film. Cela vous aidera à renouveler ou à retrouver votre énergie. Le temps demeure 24 heures par jour et n'a jamais diminué ou augmenté dans l'histoire de l'humanité. En revanche, votre énergie fluctue. Les niveaux d'énergie peuvent atteindre des sommets ou chuter rapidement, en fonction des causes et des effets.

♦ Les personnes qui réussissent comprennent l'importance de conserver leur énergie. Dépenser toute son énergie sur une tâche sans prendre le temps de se reposer peut conduire à l'épuisement mental ou à un travail de mauvaise qualité. Même si vous pensez pouvoir continuer à travailler, vous finirez par produire un travail de mauvaise qualité et vous serez démotivé.

♦ Lisez des livres qui vous aideront à vous motiver et vous donneront des chemins à suivre sur la manière de stimuler la croissance. La lecture de documents appropriés peut vous aider à augmenter votre niveau d'énergie en vous procurant de l'inspiration ou en vous aidant à voir ce que vous faites mal. Ce livre est une ressource importante pour découvrir comment augmenter votre énergie. Nous reviendrons plus en détail sur ce point dans le chapitre suivant.

♦ Prenez le temps de faire de l'exercice car cela vous aidera à donner de l'énergie à votre corps. L'exercice peut servir de source de motivation.

♦ Décomposez les tâches importantes en tâches plus petites et plus faciles à gérer et limitez-vous à une seule tâche au lieu de faire plusieurs choses à la fois.

♦ Faites souvent des pauses au travail.

♦ Manger sainement peut contribuer à augmenter votre niveau d'énergie.

Pour rester productif, vous devez utiliser votre temps à bon escient et canaliser votre énergie pour accomplir les bonnes tâches. Ce n'est pas en essayant d'en faire beaucoup que l'on progresse vraiment, mais en s'assurant que les petites tâches que l'on accomplit se déroulent pour le mieux.

Catégorie 3 : Du Temps et de l'Énergie, mais pas d'Attention

Une faible capacité d'attention se traduit généralement par le sentiment d'être débordé par toutes les tâches que l'on exécute. Une capacité d'attention dynamique ne se limite pas à l'achèvement d'une tâche. C'est la capacité à se concentrer ou à prêter une attention plus soutenue qui façonne les décisions et les exploits majeurs de la vie. Voici des exemples de déclarations faites par des personnes ayant des difficultés à rester concentrées :

- Par où commencer ?
- Il y a tellement de choses à faire que je ne sais même pas par où commencer.
- Ouah ! Que le temps passe vite !
- Avec une journée plus longue, je pourrais accomplir plus de tâches.

L'attention soutenue vous aide à réussir chaque tâche au fil du temps. Une fois que vous serez capable de vous concentrer sur une seule tâche sans vous déconcentrer, vous serez sur la bonne voie pour obtenir des résultats plus importants. Une attention saine nécessite l'utilisation de votre temps et de votre énergie pour accomplir avec succès des tâches définies. La capacité à se concentrer ou à prêter attention à ce qui est important et non urgent fera toute la différence.

Exemples de personnes qui ont beaucoup d'énergie et de temps, mais pas d'attention

- Un professeur d'université qui passe son temps à discuter avec les étudiants au lieu de donner des cours ou d'effectuer des recherches sur le terrain pour les présentations de séminaires.
- Une personne qui a comme projet de créer une Organisation Non Gouvernementale pour répondre aux

besoins des personnes déplacées, mais qui se contente de parler sans agir.

♦ Un compositeur de musique qui passe la plupart de son temps à écrire des chansons sans en vendre ou en diffuser au public.

Stratégies simples pour augmenter votre niveau d'attention

Une personne qui dispose du temps et de l'énergie nécessaires pour faire son travail, mais qui n'arrive pas à être attentive, est dite distraite. Voici ce que vous pouvez faire pour augmenter votre niveau d'attention :

♦ Préparez votre espace de travail pour la journée en débarrassant votre bureau.

♦ Avant de rentrer chez vous aujourd'hui, établissez un plan ou une liste de tâches à accomplir pour le lendemain.

♦ Utilisez le tableau Kanban personnel pour vous aider à créer une image mentale de ce que vous voulez accomplir le lendemain. Il vous aidera à vous motiver et à préparer votre esprit à accomplir une tâche unique.

♦ Activez la fonction « Ne pas déranger » de vos appareils électroniques pour minimiser les distractions lorsque vous avez l'intention d'entreprendre une tâche importante.

♦ Utilisez le principe de Pareto ou la règle des 80/20 pour concentrer votre attention sur les 20 % d'efforts qui vous aident à réussir. Rappelez-vous que 20 % de l'effort produit 80 % des résultats que vous obtenez.

♦ Concentration - Pour améliorer votre concentration, vous devez trouver des moyens d'éviter les distractions.

♦ Objectifs - Déterminez la compétence que vous devez acquérir ou l'activité qui vous permettra de vous rapprocher de votre objectif. Créez un plan d'action et mettez-vous au travail pour le mettre en œuvre.

◆ L'état d'esprit - Les habitudes et les systèmes de croyance peuvent affecter vos niveaux de productivité. Identifiez les traits de caractère qui ne vous aident pas à atteindre vos objectifs.

Résumé du chapitre

Dans ce chapitre, nous avons abordé les points suivants :

◆ L'augmentation de votre productivité n'est pas le fruit du hasard. Il faut de l'engagement, de la planification et les principes du cadre de productivité TEA pour exceller.

◆ Le Temps, l'Énergie et l'Attention sont les trois piliers de l'amélioration de la productivité.

◆ Il y a dix fois plus de rêveurs ou de personnes qui ne font que parler de leurs objectifs que de personnes qui passent à l'action.

◆ Les personnes très productives sont d'irréductibles travailleurs, et non des rêveurs ou des procrastinateurs.

◆ Le cadre de productivité TEA est un outil puissant pour vous aider à diagnostiquer ce qui vous empêche d'atteindre votre véritable potentiel.

◆ Certaines personnes ont beaucoup d'énergie, sont très attentives, mais ne disposent pas de temps.

◆ Si les personnes qui n'ont pas de temps mais de l'énergie et de l'attention peuvent apprendre à établir des priorités et à gérer leur temps efficacement, elles deviendront plus productives.

◆ Les personnes qui pensent qu'elles n'ont pas de temps agissent comme si elles étaient coincées ou piégées. La meilleure façon de les décrire est de dire qu'elles sont débordées.

◆ Construire des systèmes, faire évoluer des stratégies et travailler efficacement avec les gens sont les trois grandes solutions pour améliorer l'efficacité du temps.

- Pour utiliser efficacement son temps, il faut organiser, déléguer et désengorger son emploi du temps.

- Une autre catégorie de personnes a du temps et de l'attention, mais n'a pas d'énergie.

- Les personnes qui ont le temps d'effectuer des tâches et de se concentrer, mais qui n'ont pas l'énergie de les mettre en œuvre, deviennent frustrées.

- Le manque d'énergie peut entraîner un essoufflement et conduire à la démotivation ou à la procrastination.

- Dormir suffisamment, lire les bons livres, faire de l'exercice, manger sainement, faire des pauses au travail et diviser les tâches en petits morceaux vous aideront à retrouver votre énergie.

- Une autre catégorie de personnes dispose de temps et d'énergie pour travailler, mais n'a pas le souci du détail.

- Une faible capacité d'attention peut donner le sentiment d'être débordé.

- La concentration et l'attention ininterrompue vous aideront à exceller dans chaque tâche.

- Commencer et terminer une tâche avec succès est un gage d'efficacité et de productivité.

- Les systèmes et les stratégies sont les éléments constitutifs d'une gestion du temps réussie, mais vous avez besoin de monde pour assembler le puzzle.

- Il vous sera utile de disposer d'une équipe fonctionnelle pour exceller dans n'importe quelle tâche.

- La communication, une orientation claire et un leadership efficace sont les outils de la réussite et de l'augmentation de la productivité.

- Pour augmenter votre niveau d'attention, supprimez les éléments qui vous distraient, comme les réseaux sociaux et les courriels. Utilisez la fonction « Ne pas déranger » de vos appareils électroniques pour éliminer les distractions.

- Travaillez toujours selon un emploi du temps et planifiez vos activités du lendemain avant de quitter le bureau.

◆ La productivité ne consiste pas à faire le plus de choses possible, mais à terminer chaque mission de manière efficace et efficiente.

Dans le chapitre suivant, vous découvrirez les habitudes à prendre pour augmenter votre énergie physique et mentale.

CHAPITRE SEPT

Des habitudes pour augmenter votre énergie physique et mentale

Votre énergie est le principal vecteur de la réalisation de vos rêves. Si nous en avons la possibilité, nous voulons tous atteindre nos objectifs. Atteindre son but fait partie intégrante de l'existence humaine, mais combien de personnes atteignent réellement leurs objectifs de vie ? Combien ont ce qu'il faut, même la vigilance physique et mentale nécessaire, pour mener à bien leurs objectifs ? Bien souvent, les gens manquent de volonté, d'ardeur ou de motivation pour réaliser leurs rêves. Ces carences sont directement liées au manque d'énergie physique et mentale nécessaire pour passer à l'action.

L'esprit est l'un des plus grands outils que chacun possède. Pour activer pleinement des énergies telles que la confiance, le bonheur, la concentration, la motivation, l'augmentation de la volonté et la productivité, l'esprit doit être en pleine forme. Votre mode de pensée affecte votre rendement et peut parfois déterminer la façon dont les autres vous perçoivent. Lorsque vous avez des pensées heureuses, vous devenez plus satisfait au fil du temps. Lorsque vous avez confiance en vous, cela commence à se refléter sur votre apparence extérieure.

Pour réussir dans n'importe quel effort, il faut une grande énergie mentale, et souvent les gens découvrent, avec le temps, qu'ils s'essoufflent et ne peuvent plus rien faire. Ce qui leur manque, c'est l'énergie mentale et physique nécessaire pour poursuivre leurs rêves. Cependant, toute capacité se transforme en habitude lorsque l'on prend le temps nécessaire pour les étudier et les acquérir. La vigilance mentale et physique est fonction de certaines habitudes que l'on développe. Si vous voyez une personne peu motivée, manquant de confiance en elle, manquant d'énergie physique et mentale, c'est parfois lié à ses habitudes. Il y a des habitudes qui tuent l'énergie et d'autres qui l'augmentent, et celles que vous adoptez détermineront votre niveau de productivité.

« La première condition du succès est la capacité d'appliquer ses énergies physiques et mentales à un seul problème sans se lasser. »
-Charles Caleb Colton

Vous avez besoin d'injecter continuellement de nouvelles énergies dans votre vie pour rester équilibré dans votre vie personnelle et professionnelle. Mais pour que ces nouvelles énergies fassent partie de votre ADN, il faut suivre un processus, développer des habitudes positives et agir en permanence.

Dans cette optique, voici des habitudes qui ont fait leurs preuves et qui vous placent sur le bon piédestal.

10 astuces pour une énergie physique et mentale surpuissante

Attaquez-vous à ce que vous redoutez le plus

Faire ce que vous craignez en premier vous donne la confiance et l'énergie nécessaires pour faire face à d'autres tâches moins critiques le reste de la journée. Le premier succès vous motive et vous donne l'occasion de souffler. Une fois que vous avez réussi la première tâche, vous risquez moins de remettre à plus tard d'autres tâches moins importantes.

Visualisez avant de dormir

Les pensées que vous avez au moment de vous coucher sont essentielles pour définir votre humeur du lendemain. Rien n'est plus important que l'état d'esprit dans lequel vous vous trouvez juste avant de vous coucher. Il vous place dans le bon état d'esprit au réveil. En visualisant des possibilités avant de vous coucher, vous établissez un lien direct entre le plaisir et le réveil.

Un état d'esprit positif vous donne toute l'énergie nécessaire pour commencer la journée. Il contribue à la qualité de votre journée et renforce votre confiance en vous. Cette énergie élevée peut affecter toutes les autres activités auxquelles vous participez au cours de la journée.

Cependant, la visualisation fonctionne mieux lorsque vous avez un plan d'action pour chaque jour et que vous utilisez la veille au soir pour planifier les activités du lendemain. Ce plan sert de motivation.

Désencombrez votre esprit

Il est vrai que la liste interminable des choses à faire peut donner à une personne le sentiment d'être submergée et d'avoir l'esprit encombré. De plus, avec la technologie, le rythme effréné du monde, les échéances, les tonnes de messages électroniques, les rendez-vous et bien d'autres choses encore, gérer sa journée peut devenir encore plus difficile.

Pour garder l'esprit libre et mentalement alerte, déléguez certaines tâches si nécessaire. Déléguer à quelqu'un d'autre soulage le niveau de stress et réduit le volume d'activités dont il faut se préoccuper. D'autres activités, telles que la prise de notes, la tenue d'un calendrier et l'établissement de rappels, contribueront à vous simplifier la vie.

Le fait d'avoir une liste de choses à faire transfère la pression du travail de votre esprit à votre emploi du temps. C'est une stratégie qui vous aidera à désencombrer votre esprit et à augmenter votre énergie mentale. Elle vous permet également de vous concentrer davantage sur une tâche, sans anxiété ni encombrement.

Dormez suffisamment

Le fait de dormir suffisamment est directement lié à la capacité de fonctionner de manière optimale. Le sommeil a un effet sur l'état mental et physique d'un individu. Plus une personne dort, plus elle est mentalement alerte, et vice versa.

En outre, il est utile de connaître son temps de sommeil optimal, c'est-à-dire la quantité et le type de sommeil dont vous avez besoin. Pour certains, trop de sommeil les rend étourdis et épuisés. Si certaines personnes se contentent de six à sept heures de sommeil, d'autres ont besoin de huit heures ou plus pour fonctionner pleinement.

Un autre point à noter est la qualité du sommeil. Avant d'aller vous coucher, vous devrez peut-être éteindre tous les appareils qui interrompent votre sommeil. Un environnement confortable et une literie adaptée peuvent être des facteurs de motivation pour un meilleur sommeil. D'autres éléments peuvent améliorer la qualité du sommeil :

- Prendre un bain chaud pour détendre les muscles.
- Lire un livre au lit.
- Évitez les écrans deux heures avant le coucher.
- Pas de caféine après 15h.

Passez une bonne partie de votre journée sur le projet qui vous tient à cœur

Les projets qui vous tiennent à cœur sont ces choses spécifiques que vous entreprenez et qui sont centrées sur votre passion et vos objectifs ultimes. Lorsque vous concentrez votre énergie sur vos passions et vos objectifs, cela n'a jamais l'air d'être une tâche, mais un loisir. Le projet qui vous tient à cœur donne un nouveau sens à votre vie, ce qui vous rend très enthousiaste et revitalisé.

Vos passions vous donnent une raison de vous réjouir. Elles vous donnent une raison de vous réveiller chaque jour et de prendre la route avec un enthousiasme contagieux.

Ayez le sens de la gratitude

Commencer la journée avec la bonne attitude mentale donne une disposition positive à la vie. Un bon rappel des choses qui fonctionnent dans votre vie peut vous aider à aborder la journée en pleine forme. Essayez d'être toujours reconnaissant afin de bénéficier d'une plus grande énergie mentale. Soyez reconnaissant des choses que les gens tiennent pour acquises, comme une bonne santé, un emploi et le fait de pouvoir gagner un salaire décent. Soyez reconnaissant des relations que vous entretenez et de toutes les choses apparemment insignifiantes qui fonctionnent actuellement pour vous.

N'oubliez pas que les défis font partie de la vie et qu'ils tendent à vous rendre plus fort. Ainsi, quel que soit le défi qui se présente à vous, voyez les choses du bon côté. Tout ne peut pas aller mal en même temps. Un mode de vie empreint de gratitude chasse l'ennui et vous rappelle les choses les plus importantes de la vie. Pratiquez l'acte d'écrire les choses qui fonctionnent dans votre vie et concentrez-vous davantage sur elles.

Ayez une vision positive de la vie

Être positif et optimiste face à la vie est un excellent moyen d'augmenter l'énergie mentale. Vous pouvez remplacer un sentiment dépressif par des pensées positives pour bénéficier d'un regain d'énergie. L'état de votre énergie mentale est un facteur déterminant de vos niveaux de productivité. Un état d'esprit négatif ne fait que diminuer votre énergie mentale. Ayez des pensées positives et saisissez les opportunités qui se présentent à vous.

Mangez sainement

Les aliments que nous mangeons ont une influence non seulement sur notre énergie physique, mais aussi sur notre énergie mentale. Le dicton « vous êtes ce que vous mangez » signifie simplement que vous pouvez puiser de l'énergie dans des aliments énergétiques en mangeant correctement. La nourriture a pour effet de réguler notre énergie mentale.

La consommation d'aliments malsains n'apporte aucune valeur nutritionnelle. Ces aliments diminuent le bien-être général du corps et vous fatiguent. Un corps fatigué affecte automatiquement l'état mental.

Adoptez un plan pour faire des choix alimentaires judicieux un mode de vie. Choisissez un régime alimentaire qui améliore la vivacité d'esprit. Manger plus de calories en début de journée que le soir aura un impact positif sur votre énergie. L'obésité n'est pas l'une des choses que vous voudriez ajouter à votre liste de soucis.

L'alimentation saine est riche en fibres, en fruits et légumes, en protéines et autres minéraux essentiels qui devraient faire partie intégrante de votre régime alimentaire pour améliorer votre énergie. En outre, l'eau agit comme une magie sur le corps et il est utile de rester hydraté tout au long de la journée. Cependant, buvez de l'eau pour rester hydraté, mais ne laissez pas votre consommation d'eau interférer avec votre travail.

Laissez-vous inspirer par l'exercice physique

L'exercice est excellent pour le cerveau, non seulement pour contrôler le poids, mais aussi pour abaisser la tension artérielle. Il peut également aider à lutter contre la dépression et l'anxiété. L'exercice stimule l'humeur en augmentant le taux d'endorphine, qui est la substance chimique du corps qui procure un sentiment de bien-être.

Lorsque l'on fait de l'exercice, le rythme cardiaque augmente et diminue invariablement le niveau de stress dans le cerveau.

L'exercice physique présente d'autres avantages :

- Un meilleur sommeil.
- Une augmentation de l'estime de soi et de la confiance en soi.
- Une stimulation cérébrale.

Restez actif tout en vous amusant

Pour certaines personnes, s'astreindre à un programme d'exercices physiques peut s'avérer une tâche presque impossible. Toutefois, outre les formes traditionnelles de jogging et de marche rapide, vous pouvez trouver une méthode active et agréable pour maintenir votre corps en état de marche. Par ailleurs, la pratique d'un sport ou d'un passe-temps est un excellent moyen de garder le corps plein d'énergie et l'esprit actif.

Parmi les activités intéressantes, citons :

- Faire du sport avec des amis.

- ◆ Faire de courtes promenades.
- ◆ La course à pied.
- ◆ La randonnée.
- ◆ Le vélo.
- ◆ La danse.
- ◆ Le patinage.

Entourez-vous de gens heureux

La plupart des gens sont naturellement sociables, d'autres non, mais les relations font partie intégrante de l'existence humaine. Les personnes heureuses et pleines d'énergie portent le virus avec elles et si vous les côtoyez suffisamment longtemps, vous serez infecté par le bonheur. Elles vous rendent heureux et plein d'énergie.

Par conséquent, vos relations augmenteront ou diminueront votre niveau d'énergie en fonction de vos choix. Veillez à rester avec les personnes avec lesquelles vous aimez être.

Le fait d'avoir un réseau social qui correspond à vos objectifs et à vos besoins peut constituer une sorte de groupe de soutien. Les groupes de soutien peuvent contribuer à améliorer votre estime de soi et à réduire votre niveau de stress. Les rencontres sociales sont particulièrement utiles pour les introvertis qui ont du mal à interagir. Elles leur permettent de s'exprimer, de s'amuser et de rire, ce qui peut les stimuler.

Laissez votre esprit voyager à travers la méditation

La méditation implique une réflexion profonde et l'utilisation du pouvoir de l'imagination pour recréer votre monde de ce qu'il est à ce que vous souhaitez qu'il soit. La méditation vous aide à exploiter les capacités de votre esprit à prédire un avenir meilleur grâce à la visualisation mentale. Les personnes qui réussissent ont recours à la méditation pour trouver des réponses aux questions les plus épineuses.

Le but ultime de la méditation est la paix intérieure et la relaxation. Des études ont montré que la méditation (aussi brève soit-elle) est un excellent outil pour réduire le stress. Le stress peut avoir un impact sur votre énergie physique ou mentale, et la méditation peut soulager ce dernier. Prendre quelques minutes par jour pour méditer en pleine conscience permet d'atténuer la plupart des formes de stress et d'anxiété. La méditation est un outil utile dans la lutte pour la santé mentale et contre les troubles mentaux.

Revitalisez votre corps et votre esprit grâce à une séance de yoga

Le yoga a apporté une valeur intrinsèque à l'humanité à travers les âges. Il s'agit d'un exercice physique et mental qui aide à revitaliser le corps et à stimuler l'esprit. Le yoga associe des postures, la méditation, la relaxation et des techniques de respiration. La pratique du yoga présente de nombreux avantages pour le développement de l'énergie physique et mentale.

Les bienfaits du yoga :

- ◆ Amélioration de la force musculaire - Cela protège contre les douleurs dorsales et l'arthrite.
- ◆ Augmentation du flux sanguin - Le yoga libère de l'énergie dans les cellules du corps et favorise la circulation sanguine.
- ◆ Augmentation du rythme cardiaque - Comme le yoga implique un exercice physique, le rythme cardiaque s'accélère.
- ◆ Diminution de la tension artérielle et du taux de sucre dans le sang.

- Facilitation de la concentration - Des études ont montré que la pratique du yoga améliore la coordination, la mémoire et le quotient intellectuel.
- Amélioration du sommeil.
- Réduction des fluctuations de l'esprit.

Adoptez plus souvent une attitude ludique

Le dicton selon lequel « Il n'y a pas que le travail dans la vie. » fait référence à l'état mental et physique du bien-être. Toute activité amusante qui nous procure de la joie ou une étincelle enfantine peut être qualifiée de ludique. Le fait d'être occupé et de ne pas avoir le temps de s'adonner à des activités amusantes ou à des loisirs peut avoir un effet néfaste sur notre énergie. La notion de jeu est différente pour chaque individu en fonction de ses besoins, de ses intérêts et de ses envies. Elle ne doit pas nécessairement figurer sur votre liste de choses à faire, mais peut être une activité que vous trouvez captivante. Il peut s'agir de cuisiner, de danser, d'écouter de la musique, d'aller au cinéma, de participer à des compétitions sportives ou à des courses d'athlétisme, bref, de n'importe quel passe-temps.

Créez des routines

L'intégration d'habitudes énergétiques dans votre routine professionnelle ou personnelle peut vous aider à maintenir votre niveau d'énergie élevé. Vous pouvez également rechercher de petites activités pour augmenter rapidement votre énergie au travail. Les habitudes de sommeil, les heures de repas, l'exercice, le yoga, une attitude reconnaissante et les activités professionnelles peuvent être très bénéfiques. Une fois que vous maîtriserez les routines et qu'elles feront partie de votre vie, votre productivité augmentera.

Abordez les problèmes de front

Le fait de laisser des problèmes en suspens ou de ne pas s'en occuper pendant une longue période peut avoir des répercussions sur votre niveau d'énergie et provoquer du stress. Le stress mental peut épuiser votre énergie autant, sinon plus, que le stress physique. Lorsque vous êtes mentalement stressé, la première chose à faire est d'identifier les éléments déclencheurs. La deuxième chose à faire est de commencer à élaborer des stratégies pour lutter contre le stress. Prenez-les à bras-le-corps et gagnez en énergie pour réussir.

Apprendre à augmenter son énergie devrait être plutôt intéressant. L'utilisation de substances ne devrait pas être une option. Agir est un aspect essentiel de la recherche d'énergie. Une fois que vous pouvez faire de ces pratiques une habitude, elles deviennent finalement un mode de vie et sont plus faciles à mettre en œuvre.

Résumé du chapitre

- ◆ L'augmentation de votre énergie physique et mentale nécessite des actions délibérées qui doivent être intégrées à votre mode de vie.
- ◆ Vous devez régulièrement injecter de l'énergie fraîche dans votre vie pour bénéficier d'un flux d'énergie équilibré.
- ◆ Le fait de vous occuper des tâches que vous redoutez le plus vous donnera l'énergie et la confiance nécessaires pour en faire davantage.
- ◆ Organisez vos pensées en visualisant le travail avant de vous coucher.
- ◆ Libérez votre esprit des sentiments écrasants et des tâches trop nombreuses.
- ◆ Le sommeil est important. Veillez à ce qu'il soit suffisant.

- Le projet qui vous tient à cœur se situe dans le domaine de votre passion et doit être poursuivi avec enthousiasme.
- Adoptez toujours une attitude de gratitude.
- « Vous êtes ce que vous mangez. » En d'autres termes, mangez les bons aliments, ceux qui ont une valeur nutritionnelle adaptée à votre corps.
- Si vous vous engagez dans des activités physiques ou actives qui vous inspirent et vous plaisent, votre niveau d'énergie augmentera.
- Socialisez davantage en vous entourant de personnes heureuses.
- Les personnes heureuses sont porteuses d'une énergie contagieuse.
- La méditation est un puissant stimulant énergétique.
- Pratiquez le yoga pour améliorer votre niveau d'énergie.
- Vous devez jouer davantage. Le bon type de jeu crée un sentiment exaltant.
- Prenez des habitudes régulières qui conditionnent l'esprit pour de bon.
- Prenez le taureau par les cornes lorsque vous faites face à des problèmes.

Dans le chapitre suivant, vous apprendrez à vous motiver en quelques minutes grâce à des astuces scientifiquement prouvées.

Chapitre huit

La motivation en quelques minutes : trucs et astuces scientifiquement prouvés

Qu'est-ce qui permet à quelqu'un d'aller de l'avant malgré les circonstances et les défis de la vie ? Lorsqu'une idée ne semble pas fonctionner ou que l'on est confronté à des revers ou à des échecs, qu'est-ce qui vous donne le courage de continuer d'essayer ? Même lorsque ce n'est pas agréable, qu'est-ce qui vous pousse à vous lever tôt le matin pour méditer, étudier, faire vos exercices de routine ou vous rendre au travail ?

La vérité est qu'il n'y a pas de véritable succès sans motivation. La motivation est la force motrice, tout comme le carburant facilite le déplacement d'un véhicule. La motivation est ce qui donne du vent à votre voile, la force motrice qui vous permet d'aller de l'avant lorsque tout le reste semble ne pas fonctionner. Cependant, il n'est pas aussi facile qu'il y paraît d'être motivé ou de le rester. Cela demande de l'énergie physique et mentale. Dans ce cas, comment rester motivé ?

Voici quelques méthodes scientifiquement prouvées pour vous aider à vous concentrer et à vous motiver afin d'augmenter votre productivité en quelques minutes.

Stimulez votre confiance en vous grâce à une posture de puissance

Durée requise : 2 minutes

Votre langage corporel est un facteur essentiel dans la façon dont les autres vous perçoivent. Il affecte également la chimie interne de votre corps. La façon dont vous vous tenez et effectuez certaines activités, votre posture, vos mouvements et bien d'autres choses encore, envoient des ondes positives ou négatives aux autres. Amy Cuddy, de Harvard, affirme que « nos paroles non verbales déterminent ce que les autres pensent et ressentent à notre égard. »

Des recherches menées par Princeton, Harvard et d'autres institutions montrent que le langage corporel peut influencer les interactions sur le lieu de travail. Utiliser les bons mots peut aider à faire passer le bon message. Cependant, le langage corporel peut influencer le sens que vous donnez à ce message.

Par conséquent, tout comme le langage corporel affecte un message, il affecte également votre niveau de motivation. Le professeur Amy Cuddy, de la *Harvard School of Business*, qui s'exprime sur le langage corporel, explique que la posture de puissance constitue un autre moyen de communication non verbale. La façon dont vous vous tenez peut en dire long sur vous et avoir un impact sur vos niveaux de productivité. Votre langage corporel, vos postures et votre façon de vous tenir peuvent révéler beaucoup de choses sur vous.

Qu'est-ce qu'une posture de puissance ?

Il existe deux types de posture de puissance : la posture de puissance élevée et la posture de faible puissance. La posture de puissance élevée consiste à placer son corps dans une position ouverte plutôt qu'avachie ou voûtée, que l'on soit assis ou debout. Dans une posture de puissance élevée, gardez votre poitrine et vos bras ouverts et évitez de rester dans une position avachie.

C'est pourquoi les chercheurs ont constaté que le maintien d'une posture de grande puissance peut augmenter le taux de testostérone, une hormone responsable de l'augmentation de la confiance en soi. La posture de puissance réduit également le taux de cortisol, responsable de l'augmentation du stress dans l'organisme.

En revanche, dans une posture de faible puissance, l'individu s'avachit dans une position qui le fait paraître petit ou tassé.

Par conséquent, pour vous donner le coup de pouce mental dont vous avez besoin, essayez de prendre des postures de puissance simples et vous verrez l'effet sur vos niveaux de productivité. Tenez-vous toujours consciemment debout ou assis en adoptant une posture de puissance. Une étude menée à Princeton montre que le langage corporel véhicule plus d'expressions que le simple visage.

N'oubliez pas de communiquer activement, et non passivement, et d'orienter tout votre corps vers l'autre personne lorsque vous lui parlez. Souriez souvent, car les recherches confirment également que le sourire peut augmenter votre niveau de confiance.

Accordez-vous un nouveau départ

Durée requise : 3 à 5 minutes

La plupart des gens prennent des résolutions, surtout en début d'année, ce qui constitue une source de motivation. En prenant des résolutions, vous vous donnez une chance de repartir à zéro. Selon une étude menée par la Wharton School of

Business, cela peut également créer un regain d'énergie pour accomplir davantage de tâches.

Une publication d'un institut américain - *the Institute of Operations Research and Management Science* - a identifié que l'utilisation de repères temporels importants aide les gens à atteindre leurs objectifs. Ils développent la volonté de s'attaquer à n'importe quelle tâche lorsqu'ils décident de prendre un nouveau départ. Ces nouveaux départs se produisent lors de repères temporels tels que des anniversaires, une nouvelle semaine, un nouveau mois ou une nouvelle année, des vacances, un nouveau semestre ou une nouvelle année scolaire. À l'aide d'une recherche sur Google, l'équipe de recherche a identifié certains domaines nécessitant un nouveau départ, tels que les régimes, la fréquentation d'une salle de sport et l'engagement à atteindre des objectifs.

Pour prendre un nouveau départ, l'utilisation de points de repère permet aux gens d'oublier leurs imperfections passées et de poursuivre des objectifs plus importants qui auront un impact sur leur vie. En d'autres termes, la décision de prendre un nouveau départ pourrait servir de source de motivation conduisant à un changement de comportement et à une augmentation de la productivité.

Comment prendre un nouveau départ dans la vie ?

Tout le monde a des événements passés et récurrents dans sa vie. Certains de ces événements peuvent nous rapprocher ou nous éloigner de nos objectifs. Cependant, un regard critique sur ces événements peut se transformer en un nouveau départ. Vous pouvez faire d'une situation négative ou positive un moyen de prendre un nouveau départ. Par exemple, une perte d'emploi récente, une rupture, l'obtention d'un diplôme ou un déménagement dans un nouvel endroit peuvent servir de motivation pour lancer l'entreprise pour laquelle vous avez économisé ou que vous souhaitez ardemment créer.

Les repères temporels vous aident à vous détacher des échecs passés et à élaborer un plan concret pour atteindre vos objectifs. Pour vous inciter à réussir, vous devez passer à l'étape suivante, qui consiste à mettre vos objectifs par écrit. Créez un plan d'action ou une liste de choses à faire pour canaliser votre nouvelle énergie vers la réalisation de vos objectifs. De plus, prendre un nouveau départ ne doit pas nécessairement se limiter au début de l'année, mais à tout moment où vous découvrez le besoin de redéfinir une situation ou un événement.

Faites-vous plaisir avec des chocolats

Durée requise : 1 minute

Manger du chocolat peut sembler mauvais pour les dents ou trop sucré. Pourtant, le chocolat peut avoir de puissants effets motivants. Le chocolat contient des propriétés qui libèrent de la dopamine et des réactions chimiques connues pour produire ces effets chocolatés sur le cerveau :

- La dopamine provoque une augmentation du rythme cardiaque, ce qui accroît la motivation.
- Manger du chocolat libère de la sérotonine et de la phényléthylamine dans le sang. La sérotonine est un neurotransmetteur qui peut aider à calmer les nerfs, tandis que la phényléthylamine favorise la stimulation. Le chocolat blanc contient davantage de ces deux propriétés et offre une plus grande valeur ajoutée. Le chocolat noir contient des antioxydants qui contribuent à ralentir le déclin cognitif et à augmenter votre niveau de concentration.
- Le chocolat agit comme une forme légère d'antidépresseur. Lorsque vous consommez du chocolat, il provoque

une réaction chimique dans le cerveau qui stimule un sentiment de bonheur, une sensation de bien-être et de la motivation.

Renforcez vos capacités cérébrales grâce à des aliments sains

Manger sainement aura un impact direct sur votre santé générale. Votre santé est la seule garantie de pouvoir jouir de la richesse lorsque vous réussirez enfin. Cependant, pour fixer, poursuivre et atteindre vos objectifs, vous avez besoin de votre santé.

Certaines catégories d'aliments ne contribuent qu'à ralentir votre développement mental et physique et à vous rendre malade. Votre corps a besoin de la bonne quantité de nutriments pour reconstruire ou réparer les tissus usés. Lorsque vous lui donnez les bons aliments, il peut non seulement fournir l'énergie nécessaire pour travailler, mais aussi stimuler le développement de votre cerveau.

Quels sont les aliments susceptibles de stimuler vos facultés cérébrales ?

Il existe de nombreux aliments qui, une fois consommés, peuvent servir de carburant à l'organisme et vous aider à atteindre vos objectifs. Les aliments riches en protéines, en graisses et huiles saines, en fruits et légumes, en noix et graines, en céréales complètes, et bien d'autres encore, sont des exemples d'aliments motivants.

Les aliments riches en vitamine B ont un effet stimulant et peuvent contribuer à augmenter votre niveau d'énergie, votre motivation et vos capacités cérébrales. Par exemple, la vitamine B contient de la dopamine, responsable de la motivation. La dinde, le saumon, le tofu, les bananes, les épinards, les noisettes, les noix et les avocats constituent un bon dosage de vitamine B. En revanche, les aliments riches en cholestérol et les aliments gras ne sont ni très sains ni très utiles pour le développement du cerveau.

Le poisson comme le saumon, qui contient des huiles et des acides gras oméga 3, peut accélérer le développement du cerveau. Il peut également protéger contre la perte de mémoire et la démence. Outre le chocolat, les noix et les graines ralentissent également le déclin cognitif. La spiruline et les myrtilles notamment sont d'autres fruits et légumes qui contiennent des propriétés dopaminergiques. Des études montrent que l'avocat contient des propriétés qui combattent les radicaux libres responsables des dommages cellulaires, réduisant ainsi la progression de la maladie d'Alzheimer et de la démence. L'avocat est aussi un excellent aliment pour le développement de la fonction musculaire et de l'apprentissage.

Passez du temps dans la nature

La nature a une façon unique d'entrer en contact avec le point sensible de l'être humain. Elle peut vous motiver même dans les pires situations et les circonstances les plus improbables. Il est si facile de se laisser piéger par la folie de gagner sa vie et de poursuivre des objectifs fixes que l'on oublie de profiter du peu que l'on a gagné. On oublie parfois de prendre le temps d'apprécier les cadeaux de la nature.

« Au milieu de l'hiver, j'ai découvert en moi un invincible été. »
-Albert Camus

L'une des meilleures façons de se motiver en quelques minutes est de laisser la nature s'immiscer dans votre être. Passer plus de temps dans la nature vous aidera non seulement à vous détendre, mais vous incitera également à résoudre des problèmes professionnels difficiles. Alors, que pouvez-vous faire ?

Faites une promenade

La marche est un véritable remède pour le corps et le psychisme humain. Au lieu de conduire ou de prendre un taxi, un bus ou un train, pourriez-vous rentrer chez vous à pied ? Ou au moins vous arrêter à quelques mètres de l'arrêt de bus le plus proche et faire le reste du chemin à pied ? Plusieurs choses se produisent lorsque vous marchez. Cela vous donne le temps de réfléchir aux activités de la journée, de la semaine et du mois. Vous pouvez également méditer sur les problèmes de travail et, comme il s'agit d'un environnement différent, vous n'avez pas l'impression d'être étouffé.

Vous pouvez aussi vous promener sur la plage. Marchez pieds nus, les vagues à gauche, les arbres à droite, la musique au loin, d'autres personnes en quête de plaisir qui courent, des cris et de l'engouement dans l'air. Le simple fait de siroter le vent frais de l'été peut avoir un effet magique sur votre âme. En réfléchissant aux problèmes de la vie, à vos objectifs, à votre travail et à votre vie personnelle, vous ne tarderez pas à faire le plein d'énergie.

Partez en vacances

Un voyage dans des endroits dont vous avez toujours rêvé peut créer la motivation nécessaire que vous recherchez. Il existe des dizaines de lieux exotiques et passionnants, de réserves naturelles et de parcs aquatiques à explorer. Outre les sites merveilleux à voir, le simple fait de vous mettre au vert vous apportera un agréable volume de motivation et d'énergie.

Des recherches menées par l'université d'Essex montrent que les couleurs communiquent aux gens des tons, des humeurs et des sentiments. Selon deux études différentes, la couleur verte est un facteur de motivation, tandis que les éclats de vert peuvent stimuler votre créativité. Par conséquent, entourer votre bureau ou votre pièce d'une touche de vert devrait faire des merveilles pour votre énergie.

Par exemple, Andrew est un homme qui aime dresser sa liste de tâches pour le lendemain lorsqu'il se prépare à aller se coucher. Il passe en revue les activités de la journée, les réussites, les échecs, les tâches inachevées et bien d'autres choses encore, puis les planifie dans les activités du lendemain. Une fois cette tâche accomplie, Andrew s'allonge sur son lit et essaie de visualiser... À quoi ressemblera demain ? se demande-t-il. *Qu'est-ce que je veux accomplir demain ? Quels sont les problèmes que je dois surmonter demain dans ma vie professionnelle et personnelle pour atteindre mes objectifs ?* Au bout d'un certain temps, il éteint la lampe de chevet et se repose pour la nuit. Le matin venu, Andrew est gonflé à bloc, enthousiasmé par les activités de la journée et impatient d'entrer dans le vif du sujet.

La recherche confirme que les gens réagissent différemment aux situations, ce qui contribue à les motiver. La science identifie deux types de motivation : la motivation intrinsèque (interne) et la motivation extrinsèque (externe). Par exemple, lorsque vous nettoyez votre maison alors que vous attendez la visite d'amis, il s'agit d'une motivation externe. La motivation extrinsèque dépend de quelque chose d'extérieur ou de votre environnement pour stimuler un plan d'action. Selon Belle Cooper, la motivation extrinsèque peut être résumée par des énoncés conditionnels, tels que « si », suivis d'une récompense. Par exemple, « si vous atteignez un objectif de cinq ventes régulières au cours des trois prochains mois, vous pourrez prétendre au poste de directeur régional du marketing. » Il s'agit d'une incitation externe à accomplir une tâche. Les récompenses ont tendance à restreindre les processus de réflexion nécessaires à la réussite.

Toutefois, des chercheurs de Princeton ont constaté qu'un tel système de récompense de la motivation externe conduit, à terme, à des performances médiocres. Les tâches impliquant l'innovation et la créativité sont plus performantes lorsqu'il y a une motivation interne. Par exemple, rester après la fermeture pour travailler ses compétences afin d'améliorer quelque chose est une motivation intrinsèque. La motivation intrinsèque fait partie de ce qui favorise les travaux créatifs. L'objectif est le facteur de motivation.

Éléments de la motivation intrinsèque

Dan Pink a parlé des trois éléments de la motivation intrinsèque :

- L'autonomie
- La maîtrise
- L'objectif

L'autonomie

L'autonomie consiste à faire des choix. Lorsque vous avez un sentiment d'appropriation ou de maîtrise de vos choix, vous bénéficiez d'une motivation intrinsèque. Une telle personne peut envisager toutes les possibilités de manière créative pour accomplir sa tâche. Ainsi, le fait d'avoir des éléments sur lesquels vous pouvez exercer un contrôle dans le cadre d'un travail vous donnera un certain degré de motivation. Par exemple, votre patron vous confie un projet à exécuter. Si vous avez la possibilité de prendre des décisions sur la structure, l'avancement et la date d'envoi des tâches, il vous sera plus facile de vous sentir motivé que si vous n'avez qu'à suivre les instructions. Ainsi, en cherchant des moyens d'accroître votre autonomie dans l'exécution d'une tâche, vous serez naturellement motivé, car vous pourrez vous approprier le processus.

La maîtrise

Lorsque vous aimez ce que vous faites, cela vous aide à vous améliorer, même sans motivation extérieure. Vous serez prêt à vous perfectionner pour améliorer votre travail lorsque cela sera important pour vous, et pas seulement pour l'entreprise. Ainsi lorsque des domaines nécessitant vos compétences se présenteront, vous vous sentirez enthousiaste et motivé de les mettre à profit.

L'objectif

Lorsque vous avez l'impression qu'un projet ou une tâche dépasse vos intérêts personnels, concentrez-vous sur l'objectif. La motivation devient intrinsèque lorsque l'individu se concentre sur le bénéfice, par exemple sur la manière dont une tâche apportera un plus à la société ou profitera aux clients de l'entreprise. Vous devenez motivé lorsque vous voyez la valeur réelle qu'un projet apportera aux clients et à d'autres personnes.

Résumé du chapitre

Dans ce chapitre, nous avons examiné en détail les idées suivantes :

- Dans la vie, les défis font partie des caractéristiques de la poursuite de tout objectif qui en vaut la peine. D'une manière ou d'une autre, les gens trouvent la motivation de poursuivre leurs rêves malgré les obstacles.
- La motivation est ce qui pousse quelqu'un à se lever tôt chaque jour pour poursuivre un rêve, même après des revers et des échecs.
- La motivation provient de sources internes (intrinsèques) et externes (extrinsèques).
- Les postures de puissance vous donnent envie de continuer à travailler.

- Votre langage corporel en dit long sur vous et peut influencer votre niveau de motivation.
- S'asseoir ou se tenir debout dans une position avachie ou voûtée est une posture de faible puissance, qui peut affecter votre motivation au travail ou lors d'un entretien.
- S'asseoir ou se tenir debout dans une position ouverte ou verticale, les épaules carrées tournées vers l'avant, c'est ce qu'on appelle une posture de puissance élevée. Elle peut vous aider à augmenter votre niveau d'énergie et votre motivation en l'espace de deux minutes.
- Prendre un nouveau départ dans la vie peut être une source de motivation.
- Les gens prennent des résolutions hebdomadaires, mensuelles et annuelles. D'autres résolutions sont prises à l'occasion d'un anniversaire, après une perte d'emploi ou une rupture. Ce système de repères temporels sert de motivation pour arrêter ou commencer à faire certaines choses.
- Faites-vous plaisir en mangeant du chocolat blanc, au lait ou noir, car il contient de la dopamine, qui est l'un des ingrédients de la motivation.
- La consommation d'aliments riches en protéines, en huiles, en acides gras oméga 3, en graines et en noix peut contribuer à augmenter votre niveau d'énergie et votre motivation.
- Rester enfermé à l'intérieur ou toute la semaine au bureau suffit à tuer la motivation. Une excursion dans la nature peut réveiller quelque chose en vous. Promenez-vous, allez à la plage et laissez-vous inspirer.
- Vous pouvez être motivé ou ressentir un sentiment d'autonomie lorsque vous avez l'impression de vous approprier le processus ou d'avoir joué un rôle important dans le processus de prise de décision d'une tâche.
- La maîtrise du processus d'exécution des tâches au sein de votre organisation peut vous donner un coup de pouce substantiel. Une fois que vous aurez pris plaisir

à faire ce que vous faites, vous pourrez, le cas échéant, étudier davantage pour perfectionner vos compétences.

♦ La motivation intrinsèque peut s'inscrire dans un objectif tel que le bien général ou le bénéfice des autres. Elle tend à servir de moteur pour poursuivre une mission. Le fait de savoir quelle valeur ou quel impact vous avez sur les clients et l'humanité peut créer une motivation.

Dans le prochain chapitre, vous découvrirez le secret d'une efficacité et d'une concentration accrues grâce à la méthode Pomodoro.

CHAPITRE NEUF

La méthode Pomodoro : le secret d'une efficacité et d'une concentration accrues

Il y a tellement de tâches à accomplir chaque jour, et il semble qu'il n'y ait jamais assez de temps. Vous avez des délais serrés, mais vous n'avez pas le temps de tout faire. La situation est peut-être devenue si grave que vous devez constamment emporter du travail à la maison pour pouvoir respecter vos délais. Certaines semaines, tout se passe bien et vous atteignez votre objectif. D'autres semaines, c'est la galère. Tout cela s'accumule et vous frustre de plus en plus. Vous commencez à vous essouffler. Que faire dans de telles situations ?

Beaucoup de gens ont du mal à rester concentrés au travail. Parfois, on reste assis toute la journée à son bureau, sans obtenir grand-chose à cause d'un manque de concentration, de motivation ou de la fatigue. L'ingrédient secret dont vous avez besoin est la méthode Pomodoro pour une meilleure concentration et efficacité.

Lorsque j'ai entendu parler de la technique Pomodoro pour la première fois, mon intérêt a été immédiat. Cependant, en tant que coach de vie, il m'a fallu un certain temps pour trouver le temps d'étudier la technique Pomodoro et de m'y essayer personnellement. J'avais beaucoup entendu parler de l'intérêt de cette méthode et j'étais impatient de l'essayer. Le moins que l'on puisse dire, c'est que les résultats sur mon niveau de productivité ont été phénoménaux. Si vous avez du mal à rester concentré et efficace au travail, voici l'outil qu'il vous faut : la méthode Pomodoro.

Qu'est-ce que la méthode Pomodoro ?

La méthode Pomodoro est un outil de gestion du temps qui permet d'accroître l'efficacité et la concentration au travail. Il n'y a pratiquement jamais assez de temps pour tout faire. C'est pourquoi la technique Pomodoro vous apprend à travailler avec le temps dont vous disposez. Au lieu d'être constamment dans une course contre la montre, la méthode Pomodoro vous encourage à rationaliser en structurant votre temps en segments de 25 et de 5 minutes.

En d'autres termes, vous divisez votre journée de travail en tranches plus petites de 25 et de 5 minutes. Les 25 premières minutes sont consacrées à l'accomplissement de certaines tâches, tandis que les 5 autres sont consacrées à de courtes pauses. C'est ce qu'on appelle la méthode Pomodoro. Cependant, après environ quatre intervalles, ou Pomodoros, vous pouvez prolonger la pause jusqu'à 15 ou 20 minutes.

Quel est l'intérêt de la technique Pomodoro ?

La méthode Pomodoro vous aide à vous concentrer sur ce qui est le plus important au quotidien. Parfois, nous travaillons en ayant l'impression d'avoir suffisamment de temps pour accomplir le travail de la journée. Puis, nous nous laissons distraire. Nous recevons un courriel urgent d'un ami et nous nous disons : « Message de John... D'accord, je vais y répondre rapidement... », et vous suspendez votre tâche en cours. En un rien de temps, vous êtes pris par d'autres tâches distrayantes et la moitié de la journée s'écoule sans que vous n'accomplissiez grand-chose. À deux jours de l'échéance, vous êtes pris d'une véritable frénésie, essayant de tout faire en même temps pour que tout soit prêt à temps.

La technique Pomodoro procure un sentiment d'urgence immédiat pour votre travail. Elle vous aide à vous concentrer, même si ce n'est que pendant 25 minutes, sur vos tâches les plus importantes. Après 25 minutes, vous pouvez vous permettre quelques distractions avant de vous remettre au travail sur les mêmes tâches. L'argument est qu'une fois que vous aurez la discipline de suivre cette formule, à la fin de chaque journée, vous aurez augmenté votre productivité de façon astronomique. Ainsi, au lieu de perdre du temps en distractions, vous vous concentrez sur vos tâches essentielles.

Si vous investissez dans des intervalles de 25 minutes pour les tâches, avec 5 minutes pour les pauses, pendant 12 fois au cours d'une même journée, vous aurez travaillé pendant 300 minutes à la fin de la journée. Il vous reste encore au moins une heure pour faire une pause.

La technique Pomodoro permet d'augmenter la productivité en réduisant les distractions et en accomplissant davantage de tâches. Les pauses forcées éliminent la fatigue quotidienne ou le sentiment d'épuisement à la fin du travail. En outre, il n'est pas sain de passer des heures interminables à son bureau dans l'espoir d'accomplir davantage de tâches. En vous forçant à travailler selon la méthode Pomodoro, vous parviendrez à accomplir davantage de choses tout en conservant un niveau d'énergie élevé.

Du point de vue de la biologie de l'évolution, le cerveau humain ne devrait pas travailler sous une forte pression excessive d'un coup Bien que le cerveau puisse résister au stress (après tout, il est capable de gérer des pressions extrêmement complexes), au fil des années, les effets de la tension se feront probablement ressentir sur votre santé. Le cerveau humain vous aide à survivre à toutes les situations, mais il ne peut pas rester concentré sur une tâche pendant longtemps sans perdre sa concentration. Par conséquent, en utilisant une technique simple, telle que les Pomodoros, votre cerveau peut bénéficier d'un regain d'énergie, d'une vigilance constante et d'une augmentation de la qualité du travail produit.

Stratégies pour tirer le meilleur parti de la technique Pomodoro

Tout le monde n'a pas les mêmes horaires ni le même genre de travail. C'est pourquoi vous pouvez adapter la technique Pomodoro à votre situation particulière. Par exemple, une personne travaillant dans le domaine du marketing ou de l'ingénierie, ou encore un écrivain ou un journaliste, aura un environnement de travail différent.

Au début, l'utilisation de ces pauses incessantes vous semblera maladroite et peu naturelle. Je dois avouer que c'est une expérience encombrante lorsque l'on commence à micro-gérer des tâches à l'aide d'un minuteur. En fait, au début, j'ai souvent prolongé les sessions de 25 à 45 minutes afin de pouvoir répondre à des questions urgentes. À d'autres moments, j'ai dû m'occuper d'un client potentiel avec des comptes importants et j'ai modifié la configuration. En outre, j'avais des réunions avec des clients pendant la journée ou encore des sessions de formation. Dans ces circonstances, j'ai dû désactiver le minuteur Pomodoro pour accomplir d'autres choses.

Cependant, pour m'aider à atteindre mon objectif, j'avais incorporé la technique Pomodoro au tableau Kanban personnel. Les jours où je devais plus travailler au bureau, j'utilisais davantage la méthode Pomodoro. Cela m'a permis d'organiser les choses plus rapidement et plus efficacement. Les jours où j'avais des réunions avec le personnel ou des séances de coaching personnel avec des clients, je suspendais la méthode Pomodoro. Néanmoins, en incorporant la technique Pomodoro de cette manière, j'ai constaté une augmentation exponentielle de mes niveaux de productivité. Cela m'a permis de mieux me concentrer sur une tâche à la fois et d'en faire plus rapidement.

Voici comment la méthode Pomodoro peut vous être utile :

Travaillez avec un chronomètre ou une application de minuterie

Comme vous devez limiter votre temps, un chronomètre ou une application sera le meilleur moyen de définir les intervalles de 25 minutes. Il n'y a aucun moyen de se discipliner à la méthode Pomodoro sans chronomètre. Vérifier l'heure manuellement entraînera plus de déception que de succès. De plus, une fois que vous serez pris par le travail, vous risquez d'oublier votre timing.

Vous pouvez télécharger l'application Pomodoro Timer sur l'iTunes store pour les utilisateurs Apple. Ou essayez ClearFocus pour les utilisateurs d'Android.

Une seule tâche, pas de multitâche

Les dangers et les inconvénients du multitâche devraient maintenant être clairs. Pour augmenter votre productivité, essayez de vous concentrer sur une seule tâche par intervalle de 25 minutes. Si vous avez besoin de plus de 25 minutes pour accomplir cette tâche, utilisez autant d'intervalles de 25 minutes que possible, mais veillez à ne pas y consacrer plus de temps qu'elle ne devrait normalement en prendre.

Engagez-vous

Même si vous souhaitez être flexible, il est préférable de respecter la technique Pomodoro pour en tirer le maximum d'avantages. Il est souvent tentant de sauter les pauses et de continuer à travailler, surtout lorsqu'il y a des délais serrés à respecter. Cependant, vous devez respecter vos pauses, tout comme vous respectez les intervalles des tâches.

Fixez des objectifs quotidiens

Comme nous l'avons déjà dit, fixez des objectifs quotidiens en fonction des tâches de la journée. La tâche quotidienne doit correspondre à 25 minutes de temps de travail et à des pauses de 5 minutes. Utilisez autant d'intervalle de 25 minutes et de pauses de 5 minutes que les activités de la journée le permettent. Prolongez les pauses de 5 à 15 minutes après les quatre premiers intervalles de 5 minutes.

Restez concentré sur votre travail

Il y aura forcément des interruptions et d'autres questions urgentes. Toutefois, vous devez prendre l'habitude de vous concentrer sur votre travail toutes les 25 minutes et d'utiliser les 5 minutes de pause prévues à cet effet. Si vous laissez les interruptions s'immiscer dans votre journée, d'autres personnes en profiteront pour vous déranger. Vous n'obtiendrez que peu de résultats s'il y a trop d'interférences.

Retardez la lecture des courriels et les distractions liées aux réseaux sociaux

Ce n'est pas parce que les courriels font partie de vos activités professionnelles que vous pouvez leur permettre de vous interrompre. Ne les consultez pas lorsque vous effectuez une tâche spécifique de 25 minutes ou pendant les pauses de 5 minutes.

Les pauses de 5 minutes sont destinées à des activités non professionnelles qui vous permettent de vous ressourcer. Si vous consacrez 5 minutes à une tâche quelconque, cela signifie que vous ne laissez pas de temps libre à votre cerveau.

Votre emploi du temps quotidien doit prévoir un temps spécifique pour le traitement des courriers électroniques. Vous pouvez faire en sorte que leur lecture soit prévue deux ou trois fois dans un horaire de travail régulier. Vous éviterez ainsi les interruptions dues aux courriels ou aux réseaux sociaux pendant les périodes de travail cruciales.

Profitez de vos pauses

Puisque les pauses de 5 minutes ne servent pas à travailler, que faut-il en faire ? Cinq minutes, ce n'est pas beaucoup. Utilisez vos pauses pour vous concentrer sur des activités non liées au travail. C'est la seule façon d'être physiquement et mentalement alerte après la pause. La raison pour laquelle la pause ne dépasse pas 5 minutes est pour que votre corps ne s'adapte pas à la période de repos ni ne sorte du mode de travail.

Pour utiliser efficacement ces 5 minutes, vous pouvez vous lever de votre poste de travail et aller marcher ou prendre une tasse de café. La marche permet de soulager les tensions corporelles et d'assouplir les muscles. Respirer profondément pour remplir ses poumons d'oxygène présente de nombreux avantages pour le cerveau et le corps. L'oxygène libéré dans le cerveau est un stimulant qui peut vous aider à rester concentré. Un corps plus détendu permet de travailler plus efficacement et, invariablement, d'accomplir des tâches de meilleure qualité au quotidien.

En bref, j'ai commencé par tester la technique Pomodoro et j'ai fini par la recommander à mes clients. Mon expérience personnelle m'a permis de conclure que la méthode Pomodoro n'était pas forcément adaptée à l'emploi du temps ou au mode de vie de chacun. Il est toutefois possible d'adopter la formule pour résoudre différentes situations liées au travail. L'avantage pour moi est que l'utilisation de la technique Pomodoro pour les tâches de bureau m'aide à être plus productif.

Autres stratégies éprouvées pour améliorer la concentration et l'efficacité

Définissez clairement votre objectif

Si vous devez réduire les distractions et concentrer votre énergie, vous devez énoncer clairement vos objectifs en les écrivant. L'intérêt d'un objectif clairement énoncé est qu'il vous oblige à vous concentrer sur ce qui est vraiment important pour votre travail. Si vous n'avez pas défini vos objectifs, il sera plus difficile d'utiliser la méthode Pomodoro. Il est préférable d'avoir des objectifs définis pour planifier les intervalles de 25 minutes et les pauses de 5 minutes.

En outre, le fait d'énoncer vos objectifs rend impossible l'apparition de blocages mentaux. Vous pouvez visualiser le processus de réalisation des tâches et éventuellement voir à quoi elles ressembleront une fois terminées. Lorsque vous énoncez vos objectifs, n'oubliez pas d'écrire ce que vous avez l'intention d'atteindre grâce à cet objectif et pourquoi. Ces derniers points vous aideront alors à vous motiver.

Prenez votre temps

On a parfois l'impression que l'on ne travaille pas beaucoup quand on prend son temps, mais ce n'est pas vrai. Le succès n'est pas une question de précipitation ou un voyage, c'est une destination. La réussite, c'est l'endroit où l'on veut être, et chacun y va à son rythme. Travailler à un rythme défini vous donne le sentiment de maîtriser la situation et de ne pas être débordé. Lorsque vous travaillez sur des tâches qui demandent beaucoup d'énergie mentale, travailler simplement est une discipline que vous devez apprendre. Travailler à un rythme défini vous permet de prêter attention aux détails critiques, et c'est ainsi que vous devriez structurer vos tâches selon la technique Pomodoro. À ce rythme, vous ferez une course au contenu de qualité et non une course contre la montre.

Pouvez-vous le faire maintenant ?

Certaines tâches vous paraissent trop lourdes et vous pouvez être tenté de les remettre à plus tard. Cependant, vous finissez par ne pas les faire du tout ou par attendre qu'elles deviennent urgentes et importantes. Lorsque vous repoussez une tâche à la dernière minute, vous augmentez la pression mentale sur votre cerveau. Des études montrent qu'au moins 15 % des adultes remettent à plus tard ce qu'ils doivent faire. La procrastination peut vous priver de votre motivation et vous donner l'impression qu'il y a tant à faire et si peu de temps pour y parvenir. Ce sentiment peut nuire à la qualité de votre travail. Avec le temps, la procrastination peut devenir une habitude qui entraîne une baisse de l'estime de soi. Vous pouvez toutefois la contrôler en vous fixant des délais stricts, en divisant les tâches en petits morceaux et en planifiant à l'avance.

La règle des deux minutes est une stratégie qui peut aider à lutter contre la procrastination. Selon cette règle, toute tâche qui ne nécessite que deux minutes environ pour être accomplie est exécutée immédiatement. Ne laissez pas ces tâches s'ajouter à la liste des travaux inachevés. Parmi ces activités, citons l'envoi d'un courrier électronique ou le rangement de votre bureau. Veillez toutefois à ce que tout soit planifié dans votre liste de tâches.

Rejoignez le Club des 5 heures du matin

Vous vous souvenez du Club des 5 heures du matin de Robin Sharma ? Vous pouvez revenir au chapitre 2 pour en savoir plus à ce sujet. Se lever tôt le matin pour planifier sa journée et faire de l'exercice permet de tirer le meilleur parti de la méthode Pomodoro. L'utilisation de la formule des 20/20/20 peut vous aider à planifier votre journée, à faire suffisamment d'exercice et à méditer sur ce qui vous aidera à réussir aujourd'hui. Cela devrait vous aider à vous détendre et à devenir plus productif, en vous donnant le coup de pouce nécessaire pour prendre votre journée en main.

Un environnement propice

Un environnement de travail hostile nuit à la motivation et peut entraîner une perte de concentration. Rendez votre environnement de travail moins hostile, plus accueillant et plus confortable. Des éléments tels que la couleur du bureau, du mobilier et des rideaux peuvent créer une ambiance de travail. La couleur communique la tristesse, le bonheur et l'enthousiasme. En général, les couleurs plus lumineuses, comme le vert, sont plus motivantes. Il en va de même pour l'éclairage. Un environnement mal éclairé peut fatiguer les yeux. L'éclairage peut également créer une atmosphère animée ou mélancolique.

Prenez en compte la disposition du mobilier dans votre bureau, car une disposition maladroite peut également nuire à la concentration. Un bureau surchargé est source de distraction et de désagrément. L'aération et l'accès aux commodités, telles que les toilettes, vous aident à mieux vous concentrer. La musique peut également contribuer à améliorer la concentration. La musique peut favoriser les émotions et les pensées agréables. Elle peut également stimuler l'esprit et vous aider à vous détendre. La musique peut également aider à canaliser vos pensées et à surmonter d'autres distractions subconscientes. Toutefois, le choix de la musique déterminera la qualité que vous obtiendrez. La musique avec des paroles risque de vous donner trop de matière à penser et de créer une distraction supplémentaire. C'est pourquoi la musique instrumentale améliore souvent la concentration de manière plus efficace.

Déléguez des tâches

Nous reviendrons plus en détail sur la délégation dans le chapitre suivant. Cependant, la délégation permet de partager les responsabilités et d'accroître votre capacité à en faire plus. Elle peut également vous aider à devenir plus efficace, tout en améliorant la qualité de votre travail. La délégation renforce également la créativité et la flexibilité, car plus il y a de cerveaux impliqués, plus il y a d'idées sur la manière d'accomplir une tâche.

La valeur intrinsèque de la méthode Pomodoro réside dans sa capacité à accomplir davantage de tâches en un minimum de temps, tout en maintenant son niveau de concentration. Il convient donc de planifier le temps de travail et le temps de pause en conséquence. Pour exceller dans n'importe quelle idée innovante, y compris la méthode Pomodoro, il faut de la coopération et de la discipline. Personne ne peut vous aider à réussir si vous ne tentez pas votre chance.

Résumé du chapitre

- ◆ Le sentiment d'avoir tant de tâches et si peu de temps pour les accomplir peut entraîner une baisse de la concentration.
- ◆ La méthode Pomodoro est un outil de gestion du temps qui vous aide à concentrer votre énergie sur l'accomplissement des tâches essentielles, augmentant ainsi votre concentration et votre productivité.

- La technique consiste à diviser le temps de travail en 25 minutes de travail sérieux et concentré et en 5 minutes de pause.
- En planifiant soigneusement vos tâches, vous pouvez atteindre au moins 25 minutes de travail avec des pauses de 5 minutes, 8 à 12 fois par jour.
- La technique Pomodoro vous aide à diviser les tâches de la journée en petits morceaux gérables de 25 minutes pour vous aider à mieux vous concentrer.
- Elle vous permet de réduire les distractions ou de ne pas vous concentrer sur des tâches moins importantes pendant les heures de travail critiques.
- L'utilisation d'un minuteur Pomodoro ou d'un chronomètre, ainsi que la réalisation d'une tâche unique au lieu de plusieurs tâches à la fois, constituent une stratégie Pomodoro efficace pour améliorer la productivité.
- Fixez des objectifs quotidiens et menez-les à bien afin d'augmenter votre productivité.
- Les pauses de 5 minutes ne doivent servir qu'à se détendre et non à se concentrer sur le travail.
- Pour réussir avec la méthode Pomodoro, vous devez vous engager à suivre un plan, éviter la procrastination et déléguer si nécessaire.

Dans le chapitre suivant, vous apprendrez à déléguer efficacement pour accomplir davantage de tâches et augmenter votre productivité.

CHAPITRE DIX

Comment déléguer des tâches

Certaines écoles de pensée affirment que « si l'on veut que quelque chose soit bien fait, il faut le faire soi-même. » Cependant, même s'il est logique de faire les choses soi-même, la grande question est de savoir ce qu'une personne peut réellement accomplir seule. Lorsque l'empereur Napoléon Bonaparte a formulé la déclaration ci-dessus, il avait probablement à l'esprit la nécessité de créer des structures et des stratégies au niveau de la direction afin que l'exécution des tâches se déroule sans heurts. J'en suis arrivé à cette conclusion parce que Napoléon était un grand dirigeant et empereur français. Il a accédé au pouvoir au cours de la Révolution française dans les années 1790 et s'est fait le champion de la conquête d'une grande partie de l'Europe. S'il entendait par là l'exécution de tâches sans l'aide d'autrui, je doute que le grand empereur aurait été victorieux à la guerre, car il devait travailler avec son cabinet, ses généraux et une grande troupe de soldats pour réussir.

La délégation est un outil de gestion utile pour atteindre les objectifs personnels et d'entreprise. Cependant, il est facile de déléguer trop ou trop peu pour une tâche donnée. Pour trouver un équilibre, il est essentiel de savoir comment déléguer.

En tant que compétence essentielle, il est opportun que les cadres apprennent à déléguer ou à externaliser des projets ou des tâches. La délégation permet de gagner beaucoup de temps, de réduire la charge de travail et de consacrer plus de temps à des responsabilités plus importantes. Lorsque vous confiez des tâches à des subordonnés qualifiés et expérimentés (indépendants freelance ou en interne), la productivité s'en trouve améliorée. Il est également utile d'investir dans la formation du personnel interne.

Qu'est-ce que la délégation ?

Une délégation est un acte qui consiste à conférer une autorité ou un pouvoir à d'autres personnes pour qu'elles agissent en votre nom et exécutent des tâches. Lorsque vous déléguez, vous confiez des responsabilités à des subordonnés en leur donnant un mandat spécifique pour l'exécution de ces tâches. Bien que la responsabilité de l'exécution du travail incombe au personnel, le supérieur doit veiller à une bonne communication, à une bonne compréhension et au respect des normes et des délais. Il s'agit de la capacité à reconnaître et à convertir les talents des membres de l'équipe en vue d'atteindre les objectifs de la direction. La délégation est récompensée par un niveau élevé de productivité. Le flux de travail devient plus fluide et moins stressant lorsque vous déléguez.

Les raisons pour lesquelles les managers ne délèguent pas

Perte d'autorité

Certains managers éprouvent des difficultés à déléguer parce qu'ils ont l'impression de reléguer leur autorité à quelqu'un d'autre. La plupart des gens considèrent la délégation comme un signe de faiblesse ou pensent que l'autre personne fera un travail bâclé. Pourtant, laisser les autres prendre des responsabilités n'évoque pas la fragilité, mais votre capacité à leur faire confiance. Cela vous permet également de voir dans quelle mesure vous pouvez reproduire votre force chez les autres en communiquant efficacement ou en les formant. La délégation est un outil utilisé par les managers très efficaces.

Personne ne fait mieux

Un autre mythe ou idée fausse concernant la délégation est qu'aucune autre personne ne peut faire mieux que vous, mais la vérité est que la délégation, la plupart du temps, apporte de la créativité et des points de vue différents à un projet.

Retards dans l'exécution de la tâche

Là encore, certains pensent que déléguer un travail entraînera des retards. Il est vrai qu'il faut faire part de toutes les informations nécessaires aux subordonnés avant qu'ils puissent exécuter une tâche de manière adéquate. Toutefois, que peut faire un manager seul ? Certains de ces problèmes peuvent être résolus par une formation adéquate du personnel. Travailler seul limite votre capacité à exécuter davantage de tâches. Une personne seule ne peut pas faire grand-chose, mais ensemble, une équipe en fera plus. La délégation permet non seulement de dupliquer les efforts et de gagner du temps, mais aussi d'améliorer la qualité du travail fourni.

Pourquoi les managers délèguent-ils ?

L'essentiel du travail atterrit toujours sur le bureau du manager. Ce phénomène crée un certain degré de panique et dissuade les gens de déléguer. Cependant, la question que se posent la plupart des dirigeants est la suivante : comment dois-je déléguer ? Lorsque vous déléguez, vous ne perdez pas votre autorité, mais vous la partagez afin d'obtenir plus de résultats.

Le fonctionnement d'une entreprise comporte plusieurs aspects importants. Le marketing, les ventes, la production, la distribution, la coordination du personnel, et bien d'autres choses encore, constituent le quotidien des gestionnaires. La seule façon de remplir ces fonctions avec succès est de permettre aux autres de travailler avec vous, tandis que vous vous concentrez sur la stratégie de l'entreprise. Aucune entreprise ne peut exceller si le directeur s'enferme dans les opérations quotidiennes de chaque unité. Il doit confier à des intendants fidèles une partie de ses pouvoirs tout en se concentrant sur les stratégies de développement de l'entreprise. C'est en apprenant à déléguer que les dirigeants peuvent se concentrer sur la situation dans son ensemble.

Capacité accrue

Lorsqu'un manager est dépassé par les événements, il est judicieux de mettre en place un système de répartition des tâches. Pourquoi passer trois mois à se démener entre six tâches alors que deux équipes ou quatre personnes pourraient s'en charger ? La peur de perdre en qualité ou de ne pas respecter les délais se traduira, au fil du temps, par un travail de moindre qualité et par davantage de problèmes de délais. Lorsque l'équipe de direction ne délègue pas, elle subit plus d'épuisement et de surmenage qu'il n'en faut.

D'autres raisons de déléguer des tâches :

◆ Le processus de prise de décision et la chaîne de commandement deviennent plus visibles et plus opérationnels grâce à la délégation. La délégation contribue également à créer une réserve de talents plus forte et améliorée au sein de l'équipe. En attribuant des pouvoirs, les autres peuvent développer de meilleures compétences en matière de communication, une motivation suffisante, une supervision, un encadrement et des traits de leadership.

- La délégation rend la relation supérieur-subordonné plus significative et reconnaissable. L'autorité ou le pouvoir peut facilement circuler du haut vers le bas d'une organisation. Grâce à cette hiérarchie reconnue, il est possible d'obtenir des résultats.
- La délégation aux subordonnés et aux supérieurs peut entraîner l'expansion de l'organisation. Cela conduira invariablement à la création d'un plus grand nombre de rôles d'encadrement et, éventuellement, à la nécessité d'un plus grand nombre de points de vente. Il s'agit d'un facteur essentiel pour une organisation qui envisage une croissance horizontale ou virtuelle ; c'est un atout.
- Une délégation efficace peut aider les subordonnés à s'épanouir et à s'approprier le processus. Les subordonnés n'ont plus l'impression d'être de simples numéros, mais sont davantage au centre des événements. Ils sont motivés pour travailler parce qu'ils ont le sentiment d'être importants dans ce qu'ils font. Chaque cadre peut éprouver une certaine forme de satisfaction au travail, ce qui favorise la stabilité et des relations saines.
- La délégation de responsabilités vous permet de rester au fait de votre travail et place le manager dans une position de système de distribution ou de centrale électrique plutôt que de réservoir. Plus vous permettez aux équipes de se développer, plus elles deviendront confiantes. Plus les autres membres de l'équipe auront confiance, plus ils seront efficaces et productifs. En fin de compte, il en résultera une amélioration de la qualité du travail effectué au sein de l'organisation.
- La délégation constitue une formation managériale pour les subordonnés. C'est un outil essentiel pour une planification et un développement efficaces, ainsi que pour encourager les promotions. Elle permet à chacun d'acquérir de l'expérience et de s'épanouir dans son travail.

Des astuces simples pour déléguer

Pour que la délégation soit efficace, elle doit être systématique et procédurale, avec des échéances et des mécanismes de contrôle. Il ne s'agit pas seulement d'attribuer des tâches et des responsabilités, mais de maîtriser les méthodes de délégation. La délégation est une compétence qui nécessite une formation. La lecture d'ouvrages, tels que celui-ci, peut permettre de mieux la comprendre. Voici quelques étapes simples de la délégation.

Déterminez les tâches que vous souhaitez déléguer

La première étape de la délégation consiste à déterminer les tâches et les responsabilités que vous souhaitez confier aux membres de l'équipe. Divisez les tâches en unités plus petites afin de garantir une bonne compréhension de l'objectif. Par exemple, de petites tâches telles que la réservation de vols, la planification de réunions ou la réponse à des courriels devraient faire partie des responsabilités professionnelles d'un assistant. Certaines de ces tâches logistiques peuvent sembler ne pas prendre beaucoup de temps, mais il est préférable d'en faire un usage plus productif.

Choisissez dans la liste les tâches qui vous conviennent le mieux et celles qui seraient mieux exécutées par quelqu'un d'autre. Il se peut que vous ne soyez pas compétent dans certains domaines et que l'exécution de la tâche prenne beaucoup de temps. Déléguer une telle responsabilité à une personne mieux équipée que vous est idéal, à condition qu'elle comprenne bien vos instructions. Certaines tâches requièrent votre attention personnelle, mais pour vous aider à planifier, vous pouvez assigner des tâches en fonction des rôles dans l'entreprise et des descriptions ou intitulés de poste de chacun. Si vous avez des cadres supérieurs, des cadres moyens et du personnel subalterne, vous pouvez attribuer les tâches en fonction du niveau d'autorité et d'attention requis. Vous pouvez également utiliser les forces et les compétences individuelles pour décider des tâches à confier à d'autres employés.

Tenez compte des contraintes de temps

La délégation vous donne plus de temps pour vous concentrer sur la situation dans son ensemble. Elle vous permet de vous concentrer sur les subtilités de l'entreprise et sur les stratégies nécessaires pour atteindre l'objectif global de l'entreprise. Lors de l'attribution des tâches, tous les membres de votre équipe ne seront pas nécessairement en mesure d'exécuter les travaux aussi rapidement que ce à quoi vous pourriez vous attendre. Ceci peut être lié à leurs raisonnements ou à leur force dans des domaines spécifiques. C'est pourquoi, en tant que manager ou chef d'équipe, vous devez comprendre les compétences des membres de l'équipe afin de décider au mieux de la bonne répartition du travail.

N'oubliez pas que l'objectif de la délégation est d'assurer un bon déroulement des opérations. Vous ne voulez pas manquer une échéance ou être surchargé de travail. Même si vous êtes plus doué pour gérer les tâches, il se peut que le temps ne soit pas de votre côté. Le projet urgent doit être confié à des personnes rapides et compétentes au sein de l'équipe.

Déterminez à qui vous allez déléguer chaque tâche

Il est essentiel de connaître les forces et les faiblesses de chaque membre de l'équipe. Cela vous aidera à déterminer les responsabilités à déléguer à chaque membre du personnel. À partir de la liste des tâches préparées, associez chaque personne à une tâche en fonction de ses points forts.

Un examen critique des compétences ou des personnalités de chacun peut vous donner un indice sur la personne qui devrait s'occuper d'une tâche. Déléguer une tâche qui nécessite un travail d'équipe à une seule personne, parce qu'il s'agit de quelqu'un de très compétent, peut ne pas toujours s'avérer judicieux. Confier le rôle de chef d'équipe à une personne qui n'aime pas le travail en équipe peut parfois démotiver ou ralentir la progression du travail. Dans certaines situations, les solitaires apprennent à jouer en équipe et à devenir de grands leaders une fois qu'on leur en donne l'opportunité. De même, certaines personnes sont plus performantes lorsqu'elles travaillent en équipe que lorsqu'elles travaillent seules. Il est de votre devoir, en tant que manager, de repérer et d'exploiter les valeurs du personnel.

Parfois, dans le cas de tâches flexibles, le fait de permettre aux personnes de choisir le projet à exécuter peut également les aider à obtenir des succès plus importants au travail. Lorsque les gens peuvent s'approprier un projet, ils se sentent plus motivés pour travailler. La plupart du temps, les gens choisissent des projets qu'ils aiment ou pour lesquels ils sont passionnés, et seront susceptibles d'aboutir à des résultats remarquables.

Soyez juste dans votre délégation

Lors de l'attribution des tâches, exprimez votre confiance dans les capacités de vos subordonnés, mais déléguez objectivement. Fixez un calendrier dès le début du projet afin d'éviter de les harceler pendant qu'ils progressent. Des interférences incessantes peuvent mettre l'équipe sur les nerfs ou donner l'impression d'un manque de confiance en ses capacités. Permettez-lui de s'attaquer aux problèmes par elle-même. Après tout, à quoi bon déléguer des responsabilités si c'est pour faire de la microgestion ?

Dès le départ, exprimez clairement vos attentes et donnez des instructions détaillées. Précisez les objectifs, la vision et les étapes que vous souhaitez qu'ils atteignent. S'ils oublient quelque chose d'essentiel, réexpliquez-leur. Faites-leur comprendre que vous leur faites confiance et que vous voulez les voir progresser. S'ils sentent que vous comptez sur eux, ils seront plus enclins à se montrer à la hauteur.

Selon Jeffrey Pfeffer, professeur de comportement organisationnel à la Graduate School of Business de l'université de Stanford, enseigner à vos subordonnés comment penser et poser les bonnes questions pourrait être votre tâche la plus importante en tant que dirigeant.

Évitez de comparer les membres de l'équipe entre eux, car chaque personne possède des traits et des qualités uniques. Ils n'ont pas tous la même vitesse, les mêmes capacités ou le même quotient intellectuel. Chacun fonctionne différemment. Tenez-en compte. Certains subordonnés peuvent avoir besoin de motivation et d'une disposition favorable de votre part, tandis que d'autres n'ont pas besoin de motivation. Prenez le temps d'étudier leur tempérament, car cela joue un rôle important dans le processus de délégation.

Conseils pour la délégation de tâches

Déléguez rapidement

Apprenez à déléguer les tâches suffisamment tôt pour éviter toute pression inutile. Fixez des délais raisonnables pour l'exécution des projets. Les contraintes de temps et l'empressement à respecter les délais peuvent entraîner des performances de qualité médiocre ou des erreurs dans le projet. En tant que manager, il est important d'apprendre à reconnaître un projet qui mérite d'être délégué. Cela vous aidera à gagner du temps en ne vous occupant pas des tâches ou en attendant de déléguer.

Les années d'expérience et les qualifications peuvent vous aider à décider comment déléguer

Lors de l'attribution des tâches, les compétences individuelles, les talents et la personnalité, les années d'expérience, l'expertise, les qualifications académiques et l'expérience professionnelle peuvent être utiles. Des personnes d'horizons divers peuvent apporter une plus grande valeur ajoutée à un projet que si l'on s'en remet uniquement à ses propres capacités ou à sa propre expertise.

Soyez explicite en ce qui concerne le contexte et la marche à suivre

Ne vous contentez pas de leur confier la tâche et d'attendre d'eux qu'ils se débrouillent. Un guide adéquat contenant les fonctions et les attentes sera d'une grande utilité. Il est toujours souhaitable que l'équipe travaille sur la base d'un mandat documenté, ce qui permet à ses membres de se responsabiliser mutuellement. Veillez à ce que le chef d'équipe vous communique ses plans (par le biais d'un rapport) afin de vous assurer que tout est correct avant d'aller de l'avant. L'ambiguïté des instructions peut conduire à une exécution erronée des projets ainsi qu'à un gaspillage de ressources et de temps.

Rendez-les entièrement responsables

Toutes les chaînes de commandement doivent être parfaitement comprises afin d'aider l'équipe à travailler efficacement. Certains projets peuvent nécessiter l'accès à des fonds, à la logistique et à d'autres ressources. Faites toujours savoir à l'équipe à qui elle peut s'adresser pour obtenir ces éléments. Veillez à ce que l'équipe ait accès au canal de communication en cas de problème. Si vous n'êtes pas là, désignez quelqu'un qui recevra les rapports et prendra les mesures nécessaires en cas d'urgence. Dans tout ce que vous faites, laissez l'équipe faire son travail de fond et prendre l'initiative de ses activités quotidiennes sans interférence.

Créez un canal de retour d'information

En complément du processus, le fait de permettre une communication ouverte au cours du projet favorise l'augmentation de la productivité. Créez du temps pour l'équipe et appréciez les efforts des subordonnés en mettant en place un mécanisme de retour d'information qui fera de la délégation un outil facile à utiliser à l'avenir. Le retour d'information vous permet de savoir ce que chaque personne pense des projets, de l'équipe et d'autres questions. Il vous aidera à glaner des informations utiles pour améliorer le processus des projets à venir. En outre, si des informations essentielles ont été omises ou négligées pour une raison quelconque, le retour d'information peut aider à saisir ces détails. Certaines personnes n'expriment pas mieux leur point de vue au sein d'une équipe. En utilisant des formulaires de retour d'information, des enquêtes, et plus encore, vous pouvez apprendre une ou deux vérités des membres réservés de l'équipe. Lorsque le moment est venu de critiquer le travail d'une personne ou un processus opérationnel, faites-le de manière constructive et sans préjugés. La critique doit aider à corriger et être utilisée pour prendre la bonne direction, plutôt que pour stigmatiser. Par conséquent, les critiques doivent porter sur les activités et non sur les individus.

Assurez-vous d'obtenir une réponse sur le degré d'aisance qu'il a fallu pour exécuter la tâche. Vous pouvez également évaluer vos performances en tant que manager notamment en termes d'attribution des tâches, de clarté des instructions et de capacité à soutenir l'équipe. Armé d'un système de retour d'information complet, vous pouvez aussi obtenir des plans et des stratégies utiles pour déléguer des projets.

Intéressez-vous personnellement à la progression du travail

Essayez de ne pas être intrusif, mais demandez des mises à jour et donnez votre point de vue si nécessaire. Si les performances semblent inférieures à la norme, ne reprenez pas la tâche. Apportez-leur tout le soutien possible et veillez à ce qu'ils comprennent mieux.

Personne n'a le monopole du savoir ; par conséquent, même vos subordonnés devraient avoir la liberté de partager leurs idées avec vous. Vous obtenez parfois de meilleures perspectives de la part de ceux dont vous vous attendez le moins. Tout comme chaque personne s'efforce d'améliorer ses compétences, vous devez investir dans des ressources d'apprentissage pour mieux diriger et déléguer.

Une délégation efficace fonctionne mieux lorsque vous pouvez aider les autres membres de l'équipe à progresser dans leur travail, à acquérir les bonnes compétences et à prendre les choses en main à tour de rôle. La délégation concerne l'autorité, la responsabilité et l'obligation de rendre compte. Les dirigeants doivent apprendre à utiliser la délégation dans l'intérêt de tous, et notamment dans l'intérêt de la motivation, de la croissance et du développement des employés.

Résumé du chapitre

- La délégation est une compétence que tout le monde doit apprendre, en particulier les managers.
- La capacité à déléguer déterminera le degré de réussite d'une organisation ou d'un individu. La délégation consiste à utiliser les efforts de plusieurs personnes pour accomplir des tâches, au lieu de permettre à une seule personne de tout faire.
- La délégation permet de gagner du temps et d'en consacrer à d'autres responsabilités.

- ◆ La délégation réduit la charge de travail des gestionnaires et leur permet d'apporter des contributions essentielles.
- ◆ En mettant de côté toutes les idées reçues sur la délégation, vous pourrez aller de l'avant.
- ◆ Déléguer ne signifie pas reléguer son autorité à d'autres.
- ◆ Lorsque les managers délèguent, ils multiplient leurs efforts en les répartissant entre leurs subordonnés.
- ◆ Le fait de déléguer laisse suffisamment d'espace pour planifier et élaborer des stratégies sur des objectifs essentiels.
- ◆ Les compétences décisionnelles des managers s'amélioreront au fur et à mesure qu'ils délégueront.
- ◆ La délégation se traduit rapidement par une expansion et une croissance de l'entreprise.
- ◆ Elle permet aux subordonnés d'identifier et de perfectionner leurs compétences.
- ◆ La délégation doit suivre un processus bien structuré.
- ◆ Décidez des tâches à déléguer, déterminez qui reçoit quoi et tenez compte du facteur temps.
- ◆ Donner aux délégués la possibilité de comprendre les choses par eux-mêmes.
- ◆ Éviter la microgestion de l'équipe ; c'est le contraire de la délégation.
- ◆ La mise en place d'un mécanisme de retour d'information efficace permettra d'améliorer le fonctionnement de l'équipe et vous aidera à mieux comprendre les difficultés et les réussites du groupe.
- ◆ Lorsque la communication est ouverte, le flux de travail devient fluide.

Mots de la fin

C e fut une aventure passionnante, qui vous a permis de découvrir quelques-uns des meilleurs outils de productivité disponibles aujourd'hui. Si vous êtes arrivé jusqu'ici, en prenant le temps de lire ce livre, alors j'ose dire que vous êtes sérieux. Si vous mettez en pratique la plupart de ce que vous avez appris ici, la différence dans votre niveau de productivité devrait être évidente en quelques semaines. En outre, en l'espace de 365 jours, vous devriez constater une croissance exponentielle de vos résultats.

Toutefois, pour vous bousculer un peu l'esprit, ce livre a examiné, en l'espace de dix chapitres, dix domaines critiques qui façonneront votre avenir. À présent, vous pouvez clairement identifier les problèmes ou les questions auxquels vous êtes confronté en termes de productivité. Nous avons abordé dans ce livre trois questions clés liées à votre productivité. Premièrement, la capacité à élaborer un plan réalisable qui vous aidera à atteindre vos objectifs dans la vie ; deuxièmement, la capacité à concentrer votre énergie - il est préférable que vous vous concentriez sur les choses essentielles qui favoriseront votre réussite dans la vie - et troisièmement, votre capacité à mettre fin aux habitudes qui peuvent tuer votre productivité et à développer des habitudes qui vous permettront d'accomplir la vie dont vous avez toujours rêvé.

Après avoir identifié ces trois problèmes clés, *Maîtrisez votre productivité* vous a proposé les solutions suivantes, lesquelles ont fait leurs preuves, pour vous aider à devenir plus efficace, plus productif et plus performant dans votre secteur d'activité. Au cœur de votre réussite se trouvent ces trois solutions abrégées que ce livre recommande :

La nécessité d'un plan réalisable

Il est utile d'avoir un plan pour atteindre ses objectifs. C'est un fait que ce livre a établi. Avoir un plan en tête n'est pas un plan du tout, car vous ne pouvez pas mesurer efficacement les résultats obtenus. Pour que votre plan fonctionne efficacement, vous devez d'abord avoir une idée claire de ce que vous attendez de la vie.

Votre objectif vous aidera à élaborer un plan d'action réalisable. Axez vos objectifs sur votre but. Vous aurez probablement plus de succès et de passion dans les domaines qui lui correspondent. Il est également utile d'avoir les bonnes croyances, de développer les bonnes habitudes et d'éviter les croyances négatives. En outre, lorsque vous fixez des objectifs, ils doivent être SMART - (Spécifiques, Mesurables, Atteignables, Réalisables et Temporels).

Concentrez votre énergie sur la productivité en utilisant des outils qui améliorent votre efficacité

Votre taux de réussite dépendra de nombreux facteurs, mais la première chose à considérer est que vous devez agir maintenant. La procrastination est l'un des principaux obstacles qui empêchent les gens de poursuivre et d'atteindre leurs objectifs.

Le Club des 5 heures du matin de Robin Sharma est un excellent outil pour améliorer votre productivité. Dès les premières heures de la matinée, planifiez votre journée en appliquant son principe des 20/20/20. Cela signifie que vous passez les 20 premières minutes à faire de l'exercice ou à méditer. Les 20 minutes suivantes doivent être consacrées à une séance de stratégie pour planifier votre journée. Enfin, les 20 dernières minutes doivent être consacrées à l'acquisition de compétences dans un domaine qui vous aidera à atteindre votre grand objectif.

Un autre outil exceptionnel examiné dans ce livre est le planificateur et le tableau blanc Kanban personnel. Le Kanban personnel vous aide à hiérarchiser vos tâches pour vous concentrer sur ce qui est le plus important. Il se compose de trois colonnes. La première colonne s'intitule « À faire » ou « Option ». Vous y dressez la liste de tous vos objectifs et de toutes vos tâches. La deuxième colonne est la colonne « En cours », où vous placez les tâches sur lesquelles vous voulez travailler maintenant. La troisième colonne est la colonne « Terminé », où vous placez les tâches que vous avez achevées. Le fait de disposer de ces détails sur votre tableau blanc Kanban personnel vous aidera à concentrer votre énergie sur des objectifs significatifs, à les poursuivre et à accomplir plus de tâches à un rythme plus rapide.

Avec le Kanban personnel, vous visualisez votre travail lorsque vous le planifiez. La visualisation vous aide à voir comment les tâches peuvent se dérouler et à susciter l'intérêt et l'enthousiasme nécessaires pour les commencer et les terminer. Le deuxième principe du Kanban personnel consiste à limiter la progression du travail. Il s'agit de commencer et de terminer une tâche avant de passer à une autre.

Le principe TEA du Temps, de l'Énergie et de l'Attention peut vous aider à réaliser votre potentiel. Cependant, certaines personnes ne disposent que de deux de ces trois attributs et ne sont donc pas productives.

Lorsque vous avez de l'énergie, de l'attention et pas de temps, vous vous sentez débordé. Les personnes de ce type ont beaucoup d'énergie et prêtent attention aux tâches les plus importantes, mais peuvent se sentir à court de temps pour les accomplir en raison d'une mauvaise planification ou de la procrastination.

D'autres personnes savent gérer leur temps et sont attentives, mais n'ont pas l'énergie nécessaire pour accomplir leurs tâches.

Dans ces cas-là, le manque d'énergie est souvent source de frustration. Cependant, une bonne alimentation, un sommeil réparateur, de l'exercice et la division des tâches en petits morceaux les aideront à mieux réussir.

La troisième catégorie de personnes dispose de suffisamment de temps et d'énergie, mais a du mal à se concentrer. Ces personnes sont facilement désorientées et dépassées. Quoi que vous fassiez, vous avez besoin d'une bonne dose de motivation pour réussir. L'utilisation d'astuces scientifiquement prouvées, comme la posture de puissance, peut vous aider à maintenir votre motivation à un niveau élevé.

Pour améliorer votre efficacité et votre concentration, la méthode Pomodoro peut s'avérer utile. Au lieu de passer 3 ou 4 heures à travailler sur différentes tâches sans grand résultat, vous pouvez vous concentrer sur une seule tâche pendant 25 minutes, puis faire une pause de 5 minutes. En procédant ainsi par intervalles de 25 minutes et de 5 minutes tout au long de la journée de travail, vous parviendrez à accomplir davantage de tâches.

Éliminez les habitudes qui peuvent nuire à votre productivité

Au cours de ce livre, j'ai identifié plusieurs facteurs qui nuisent à la productivité et ce par quoi vous devriez les remplacer.

- Remplacez le multitâche par le monotâche.
- Remplacez la procrastination par l'action en faisant les choses tout de suite (principe des deux minutes).
- Au lieu de travailler seul ou d'essayer de faire les choses tout seul, déléguer des tâches à d'autres personnes vous aidera à en faire plus, plus rapidement et plus efficacement.

Alors, quelle est la prochaine étape ?

Prenez ce livre comme un guide ou un compagnon personnel. Les vérités apprises ici peuvent vous durer toute une vie. L'une des meilleures façons de continuer à améliorer ce que vous avez appris est d'adopter *Maîtrisez votre productivité* comme livre de référence.

Mettez en pratique ce que vous avez appris

L'investissement en ressources et en temps décrit dans ce livre ne portera ses fruits qu'une fois que vous aurez mis en pratique ce que vous avez appris. Avec l'aide d'outils tels que le tableau blanc Kanban personnel, la règle des 20/20/20 de Robin Sharma, le principe des 80/20, ou principe de Pareto, la stratégie TEA pour la productivité et la méthode Pomodoro, vous êtes sûr de devenir très performant. Tout ce que vous avez à faire, c'est de les mettre en pratique.

Trouvez un partenaire de responsabilisation

L'une des meilleures façons de vous aider à atteindre vos objectifs plus rapidement est d'avoir quelqu'un qui vous oblige à rendre des comptes sur les objectifs que vous vous êtes fixés. Faites savoir à votre partenaire de responsabilisation quels sont les objectifs que vous avez décidé d'atteindre et demandez-lui de vous aider à y parvenir.

Construisez des équipes

Si vous êtes chef d'équipe, manager ou directeur général, la meilleure façon d'augmenter votre productivité globale est de donner accès aux autres membres de votre équipe aux outils qui vous aident. Dans cette optique, pour vous aider à progresser plus rapidement, organisez une session d'apprentissage avec d'autres membres ou employés afin de mettre en œuvre certaines des stratégies que vous avez apprises.

Mon dernier cadeau

S'il n'y a qu'une seule chose que vous pouvez retenir de ce livre, c'est la suivante : pour être performant dans n'importe quelle discipline, vous devez vous engager dans un plan d'action clairement défini. Cette action doit être soutenue par les bonnes croyances, être assortie de discipline et être réalisée étape par étape.

Le succès ne vient pas du fait d'essayer de tout faire, mais de s'assurer que la seule chose que l'on fasse, on puisse la faire bien.

Ressources

15 Ways to Boost Mental Energy Levels. (s. d.). [15 façons de
stimuler les niveaux d'énergie mentale]. Consulté le 19
décembre 2019 sur https://www.faisonopc.com/office-
supply-blog/boost-mental-energy-levels

10016 Therapists, Psychologists, Counseling - Therapist
10016 - Psychologist 10016. (s. d.). [10016 Thérapeutes,
psychologues, psychothérapie - Thérapeute 10016 -
Psychologue 10016]. Consulté le 19 décembre 2019 sur
https://www.psychologytoday.com/us/
therapists/10016?profid=318497&search=hershen-
son&ref=2&sid=1488894923.8327_24335&name=
hershenson&tr=ResultsRow

Robbins. (2019). SMART Goals: Tips for Goal Setting.
[Objectifs SMART : Conseils pour la fixation d'objectifs].
Consulté le 19 décembre 2019 sur https://www.perfor-
mancecoachuniversity.com/smart-goals-tips-for-goal-
setting/

Alexander, L. (s. d.). How to Write a SMART Goal (+ Free
SMART Goal Template). [Comment rédiger un objectif
SMART (+ Modèle d'objectif SMART gratuit)]. Consulté le
19 décembre 2019 sur https://blog.hubspot.com/
marketing/how-to-write-a-smart-goal-template

Association américaine de psychologie. (2010). Psychology
of Procrastination: Why People Put Off Important Tasks
Until the Last Minute. [Psychologie de la procrastination
: pourquoi les gens repoussent les tâches importantes

jusqu'à la dernière minute]. Consulté le 19 décembre 2019 sur https://www.apa.org/news/press/releases/2010/04/procrastination

Baer, D. (2013). Why You Need To Unplug Every 90 Minutes. [Pourquoi vous devez débrancher toutes les 90 minutes]. Consulté le 19 décembre 2019 sur https://www.fastcompany.com/3013188/why-you-need-to-unplug-every-90-minutes

Benefits of Exercise. (s. d.). [Les bienfaits de l'exercice physique]. Consulté le 19 décembre 2019 sur https://medlineplus.gov/benefitsofexercise.html

Berkeley Université de Californie. (2019). The Impact of Ventilation on Productivity. [L'impact de la ventilation sur la productivité]. Consulté le 19 décembre 2019 sur https://cbe.berkeley.edu/research/impact-ventilation-productivity/

Bradberry, T. (2015). Multitasking Damages Your Brain And Career, New Studies Suggest. [Le multitâche nuit à votre cerveau et à votre carrière, selon de nouvelles études]. Consulté le 19 décembre 2019 sur https://www.forbes.com/sites/travisbradberry/2014/10/08/multitasking-damages-your-brain-and-career-new-studies-suggest/#3dfdd3f956ee

Brain scans reveal "gray matter" differences in media multitaskers. (2014). [Des scanners cérébraux révèlent des différences de "matière grise" chez les personnes qui effectuent plusieurs tâches à la fois]. Consulté le 19 décembre 2019 sur https://www.eurekalert.org/pub_releases/2014-09/uos-bsr092314.php

Branson, R. (2010). Richard Branson On the Business of Life. [Richard Branson sur les affaires de la vie]. Consulté le 19

décembre 2019 sur https://www.americanexpress.com/en-
us/business/trends-and-insights/articles/on-the-business-
of-life-1/?linknav=us-openforum-search-article-link2

Chu, M. (2018). Research Shows Listening to Music Increases
Productivity (and Some Types of Music Are Super
Effective). [La recherche montre que d'écouter de la
musique augmente la productivité (et certains types de
musique sont super efficaces)]. Consulté le 19 décembre
2019 sur https://www.inc.com/melissa-chu/research-
shows-listening-to-music-increases-produc.html

Clear, J. (2013). How to Stop Procrastinating and Stick to
Good Habits by Using the "2-Minute Rule." [Comment
arrêter de procrastiner et adopter de bonnes habitudes en
utilisant la "règle des 2 minutes"]. Consulté le 19 décembre
2019 sur https://www.lifehack.org/articles/productivity/
how-stop-procrastinating-and-stick-good-habits-using-
the-2-minute-rule.html

Colvin, G. (2005). The Bionic Manager. [Le manager bio-
nique]. Consulté le 19 décembre 2019 sur https://money.
cnn.com/magazines/fortune/fortune_
archive/2005/09/19/8272899/index.htm

Conti, G. (2019). How to Delegate Tasks Effectively (and Why
It's Important). [Comment déléguer des tâches efficacement (et pourquoi c'est important)]. Consulté le 19 décembre 2019 sur https://www.meistertask.com/blog/
delegate-tasks-effectively/

Contributeurs de Wikipédia. (2019). A picture is worth a
thousand words. [Une image vaut mille mots]. Consulté le
19 décembre 2019 sur https://en.wikipedia.org/wiki/
A_picture_is_worth_a_thousand_words#cite_note-1

Corliss, J. (2019). Mindfulness meditation may ease anxiety, mental stress. [La méditation de pleine conscience peut atténuer l'anxiété et le stress mental]. Consulté le 19 décembre 2019 sur https://www.health.harvard.edu/blog/mindfulness-meditation-may-ease-anxiety-mental-stress-201401086967

Coscarelli, J. (2012). 63 Minutes With Jack Dorsey. [63 minutes avec Jack Dorsey]. Consulté le 19 décembre 2019 sur http://nymag.com/news/intelligencer/encounter/jack-dorsey-2012-3/

Cuddy, A. (s. d.). Your body language may shape who you are. [Votre langage corporel peut déterminer qui vous êtes]. Consulté le 19 décembre 2019 sur https://www.ted.com/talks/amy_cuddy_your_body_language_may_shape_who_you_are

Depression. (s. d.). [Dépression]. Consulté le 19 décembre 2019 sur https://medlineplus.gov/depression.html

Dictionnaire Cambridge. (2019). Prioritize definition: 1. to decide which of a group of things are the most important so that you can deal with them... Learn more. [Prioriser définition : 1. Décider, parmi un groupe de choses lesquelles sont les plus importantes afin de pouvoir s'en occuper... En savoir plus]. Consulté le 19 décembre 2019 sur https://dictionary.cambridge.org/dictionary/english/prioritize

Don't read my lips! Body language trumps the face for conveying intense emotions. (2013). [Ne lisez pas sur mes lèvres ! Le langage corporel l'emporte sur le visage pour transmettre des émotions intenses]. Consulté le 19 décembre 2019 sur https://www.princeton.edu/news/2013/01/15/dont-read-my-lips-body-language-trumps-face-conveying-intense-emotions?section=science

Dowling, T. (2017). What time do top CEOs wake up? [À quelle heure se réveillent les grands chefs d'entreprise ?]. Consulté le 19 décembre 2019 sur https://www.theguardian.com/money/2013/apr/01/what-time-ceos-start-day

Economy, P. (2018). This Is the Way You Need to Write Down Your Goals for Faster Success. [C'est ainsi que vous devez écrire vos objectifs pour un succès plus rapide]. Consulté le 19 décembre 2019 sur https://www.inc.com/peter-economy/this-is-way-you-need-to-write-down-your-goals-for-faster-success.html

Facebook COO Sheryl Sandberg talks personal tech. (2011). [Sheryl Sandberg, directrice de l'exploitation de Facebook, parle de technologie personnelle]. Consulté le 19 décembre 2019 sur https://usatoday30.usatoday.com/tech/columnist/talkingyourtech/story/2011-10-03/talking-your-tech-sheryl-sandberg-facebook/50641034/1

Food for change and motivation. (2016). [De la nourriture pour le changement et la motivation]. Consulté le 19 décembre 2019 sur https://jeanhailes.org.au/news/foods-for-change-and-motivation

Foroux, D. (2019). The Pomodoro Method: Take Strategic Breaks To Improve Productivity. [La méthode Pomodoro : faire des pauses stratégiques pour améliorer sa productivité]. Consulté le 19 décembre 2019 sur https://dariusforoux.com/takebreaks-pomodoro/

Golemanova, R. (2019). 4 Easy Steps To More Successful Delegation. [4 étapes faciles pour une délégation plus réussie]. Consulté le 19 décembre 2019 sur https://blog.hubstaff.com/delegate-tasks/

Grimsley, S. (2015). Delegation in Management: Definition & Explanation. [La délégation dans le management : définition et explication]. Consulté le 19 décembre 2019 sur https://study.com/academy/lesson/delegation-in-management-definition-lesson-quiz.html

Hartmans, A. (2018). How to dress like a tech billionaire for $200 or less. [Comment s'habiller comme un milliardaire de la technologie pour 200 $ ou moins]. Consulté le 19 décembre 2019 sur https://www.businessinsider.com/clothes-worn-by-tech-billionaires-2018-5?IR=T

Harvard Health Publishing. (2019). How much sleep do we really need? [De combien d'heures de sommeil avons-nous vraiment besoin ?] Consulté le 19 décembre 2019 sur https://www.health.harvard.edu/staying-healthy/how-much-sleep-do-we-really-need

Hess, A. (2018). 10 highly successful people who wake up before 6 a.m. [10 personnes très performantes qui se réveillent avant 6 heures du matin]. Consulté le 19 décembre 2019 sur https://www.cnbc.com/2018/05/17/10-highly-successful-people-who-wake-up-before-6-a-m.html

How lighting Affects the Productivity of Your Workers. (2017). [Comment l'éclairage affecte la productivité de vos employés]. Consulté le 19 décembre 2019 sur https://onlinemba.unc.edu/blog/how-lighting-affects-productivity/

Introducing the Eisenhower Matrix. (s. d.). [Présentation de la matrice d'Eisenhower]. Consulté le 19 décembre 2019 sur https://www.eisenhower.me/eisenhower-matrix/

Jack Dorsey LIVE Chat on. (2015). [Jack Dorsey en LIVE]. Consulté le 19 décembre 2019 sur https://www.producthunt.com/live/jack-dorsey#comment-202183

Knapp, A. (2011). Meditation Leads to Greater Pain Relief
Than Morphine. [La méditation soulage davantage la
douleur que la morphine]. Consulté le 19 décembre 2019
sur https://www.forbes.com/sites/alexknapp/2011/04/07/
meditation-leads-to-greater-pain-relief-than-morphine/

Kosner, A. W. (2014). Why The Best Time To Drink Coffee
Is Not First Thing In The Morning. [Pourquoi le meilleur moment pour boire du café n'est pas dès le réveil].
Consulté le 19 décembre 2019 sur https://www.forbes.
com/sites/anthonykosner/2014/01/05/why-the-best-time-
to-drink-coffee-is-not-first-thing-in-the-morning/#ba-
25f357a717

Laliberte, M. (s. d.). How to Be More Productive In Your First
Hour of Work. [Comment être plus productif dès votre
première heure de travail]. Consulté le 19 décembre 2019
sur https://www.rd.com/advice/work-career/productive-
first-hour-work/1/

Lavretsky, H. et. al. (2012). A pilot study of yogic meditation
for family dementia caregivers with depressive symp-
toms: effects on mental health, cognition, and telomerase
activity. [Une étude pilote de méditation yogique pour
les aidants familiaux atteints de démence et présentant
des symptômes dépressifs : effets sur la santé mentale,
la cognition et l'activité de la télomérase]. Consulté le 19
décembre 2019 sur https://www.ncbi.nlm.nih.gov/pub-
med/22407653

Lung Institute. (2017). Oxygen Levels and Brain Function.
[Niveaux d'oxygène et fonction cérébrale]. Consulté le 19
décembre 2019 sur https://lunginstitute.com/blog/oxy-
gen-levels-brain-function/

Manson, M. (2019). 7 Strange Questions That Help You Find Your Life… [7 questions étranges qui vous aident à trouver votre vie…]. Consulté le 19 décembre 2019 sur https://markmanson.net/life-purpose#footnote-2

Martin, G. (s. d.). "Procrastination is the thief of time" - the meaning and origin of this phrase. [« La procrastination est la voleuse de temps » - la signification et l'origine de cette phrase]. Consulté le 19 décembre 2019 sur https://www.phrases.org.uk/meanings/procrastination-is-the-thief-of-time.html

McCall MD, T. (2017). 38 Health Benefits of Yoga. [38 bienfaits du yoga pour la santé]. Consulté le 19 décembre 2019 sur https://www.yogajournal.com/lifestyle/count-yoga-38-ways-yoga-keeps-fit

Murphy, M. (2018). Neuroscience Explains Why You Need To Write Down Your Goals If You Actually Want To Achieve Them. [Les neurosciences expliquent pourquoi vous devez écrire vos objectifs si vous voulez véritablement les atteindre]. Consulté le 19 décembre 2019 sur https://www.forbes.com/sites/markmurphy/2018/04/15/neuroscience-explains-why-you-need-to-write-down-your-goals-if-you-actually-want-to-achieve-them/#5c06091e7905

Page de choix de NPR. (2008). Consulté le 19 décembre 2019 sur https://choice.npr.org/index.html?origin=https://www.npr.org/2008/08/21/93796200/to-lower-blood-pressure-open-up-and-say-om

Pardon Our Interruption. (s. d.). [Pardonnez notre interruption]. Consulté le 19 décembre 2019 sur https://www.apa.org/research/action/multitask

Pink, D. (s. d.). The puzzle of motivation. [Le puzzle de la motivation]. Consulté le 19 décembre 2019 sur https://www.ted.com/talks/dan_pink_the_puzzle_of_motivation ?

Pochepan, J. (2019). This Aspect of Office Design Subtly Influences Employee Behavior. [Cet aspect de l'aménagement des bureaux influence subtilement le comportement des employés]. Consulté le 19 décembre 2019 sur https://www.inc.com/jeff-pochepan/use-psychology-of-color-to-influence-your-work-day.html

Rampton, J. (2017). 15 Scientifically Proven Ways to Work Smarter, Not Just More. [15 façons scientifiquement prouvées de travailler plus intelligemment, et pas seulement plus]. Consulté le 19 décembre 2019 sur https://www.entrepreneur.com/article/298941

Robin Sharma - Site officiel de l'auteur n°1 de best-sellers. (s. d.). Consulté le 19 décembre 2019 sur https://www.robinsharma.com/

Schmitz, M. (2018). The 3 Pillars of Productivity You Need To Unlock Your Full Potential. [Les 3 piliers de la productivité dont vous avez besoin pour libérer votre plein potentiel]. Consulté le 19 décembre 2019 sur http://www.asianefficiency.com/productivity/tea-framework/

Scott, S. J. (2019). How to Get More Energy: 20 Tips to Boost Your Energy and Get More Done. [Comment obtenir plus d'énergie : 20 conseils pour stimuler votre énergie et faire plus de choses]. Consulté le 19 décembre 2019 sur https://www.developgoodhabits.com/get-more-energy/

Shandrow, K. L. (2015). How the Color of Your Office Impacts Productivity (Infographic). [Comment la couleur de votre bureau influe sur la productivité (Infographie)]. Consulté le 19 décembre 2019 sur https://www.entrepreneur.com/article/243749

Soojung-Kim Pang, A. (2017). Why you should work 4 hours a day, according to science. [Pourquoi vous devriez travailler 4 heures par jour, selon la science]. Consulté le 19 décembre 2019 sur https://theweek.com/articles/696644/why-should-work-4-hours-day-according-science

Sorkin, A. R. (2014). So Bill Gates Has This Idea for a History Class... [Bill Gates a cette idée pour un cours d'histoire...]. Consulté le 19 décembre 2019 sur https://www.nytimes.com/2014/09/07/magazine/so-bill-gates-has-this-idea-for-a-history-class.html?_r=0

Tadeo, M. (2014). Mark Zuckerberg on why he wears that same T-shirt every day. [Mark Zuckerberg explique pourquoi il porte le même T-shirt tous les jours]. Consulté le 19 décembre 2019 sur https://www.independent.co.uk/news/business/news/mark-zuckerberg-i-dont-like-spending-time-on-frivolous-decisions-such-as-clothes-or-what-to-make-for-9846827.html

To Multitask or not to Multitask. (2018). [Le multitâche oui ou non ?]. Consulté le 19 décembre 2019 sur https://appliedpsychologydegree.usc.edu/blog/to-multitask-or-not-to-multitask/

Université de Walden. (2019). 5 Mental Benefits of Exercise. [5 bienfaits mentaux de l'exercice]. Consulté le 19 décembre 2019 sur https://www.waldenu.edu/online-bachelors-programs/bs-in-psychology/resource/five-mental-benefits-of-exercise

Valentine, M. (2019). 7 Habits to Increase Your Physical and Mental Energy. [7 habitudes pour augmenter votre éner-

gie physique et mentale]. Consulté le 19 décembre 2019
sur https://www.goalcast.com/2018/12/19/habits-in-
crease-physical-mental-energy/

Wang, D. (2018). 5 Surprising Tips To Increase Your
Motivation Immediately. [5 astuces surprenantes pour
augmenter votre motivation immédiatement]. Consulté
le 19 décembre 2019 sur https://open.buffer.com/in-
crease-your-motivation-tips/

Wertz, J. (2019). Open-Plan Work Spaces Lower Productivity
And Employee Morale. [Les espaces de travail ouverts
réduisent la productivité et le moral des employés].
Consulté le 19 décembre 2019 sur https://www.forbes.
com/sites/jiawertz/2019/06/30/open-plan-work-spaces-
lower-productivity-employee-morale/#5d2f826761cd

What Is SMART and How Do I Write SMART Goals? (2019).
[Qu'est-ce que SMART et comment rédiger des objectifs
SMART ?]. Consulté le 19 décembre 2019 sur https://www.
thoughtco.com/how-do-i-write-smart-goals-31493

Why People Procrastinate: The Psychology and Causes of
Procrastination. (s. d.). [Pourquoi les gens procrastinent : la psychologie et les causes de la procrastination].
Consulté le 19 décembre 2019 sur https://solvingprocras-
tination.com/why-people-procrastinate/

Wong, K. (2016). The Case for Silence While You Work or
Study. [Les arguments en faveur du silence pendant que
vous travaillez ou étudiez]. Consulté le 19 décembre 2019
sur https://lifehacker.com/the-case-for-silence-while-you-
work-or-study-1789